für Moritz

Ich danke meinem langjährigen Geschäftspartner Davies für seine zahlreichen Inputs und Vorschläge für dieses Buch und Sharon für ihr aufwendiges Redigieren des Textes.

1. Auflage Mai 2007

Herstellung und Verlag: Books on Demand GmbH,
Norderstedt".

Umschlaggestaltung, Layout by Centisign Hong Kong

ISBN 9783833499135

Bibliografische Information der Deutschen Nationalbibliothek:
Die Deutsche Nationalbibliothek verzeichnet diese Publikation in der Deutschen Nationalbibliografie; detaillierte bibliografische Daten sind im Internet über http://dnb.d-nb.de abrufbar.

INHALT

VORWORT

In den letzten Wochen hatte ich bis zu achtzig Anrufe am Tag, heute, eine Woche nach Einreichung des Konkurs-Antrages, waren es nur sieben. Ich hatte mir die Tendenz ganz anders erwartet, offensichtlich jagt man neuen Geschäften lieber nach als alten Schulden. Gesundheitlich geht es mir schlecht, ich habe Grippe seit drei Wochen und so gut wie keine Stimme und unser Unternehmen ist in die Pleite geschlittert. Innerlich habe ich mich fast schon damit abgefunden, ich bin an einen Punkt angekommen, an dem meine Motivation und mein unternehmerischer Kampfgeist beinahe erloschen sind, ich habe Monate gekämpft, um das Unternehmen weiter führen zu können, aber letztendlich war es alles sinnlos. Irgendwann sieht man ein, dass es nicht mehr weitergeht, dann muss man den Stecker ziehen, um bei allen Beteiligten nicht noch mehr Schaden anzurichten.

Na gut was nun? Ich glaube ich werde das alles mal aufschreiben – ein Buch, das unsere bewegten Ereignisse der letzten vier Jahre schildert, den Aufstieg und Fall der qentis, dem über lange Zeit umsatzstärksten eBay Verkäufer der Welt und damit auch dem weltweit größten Gebührenzahler von eBay.

1-2-3-vorbei! Was auch immer dass bedeutet, vielleicht kann der Leser dieses Buches daraus seine Lehren ziehen, vielleicht zeigt es aber auch nur, dass man nicht wirklich groß werden kann auf eBay oder dass wir einfach nur zu dumm waren, die Chance zu nutzen... mal sehen.

Es geht aber nicht nur um eBay, um Selbständigsein, Geschäfte und um die Chancen und natürlich auch die Gefahren des Online Handels und des Geschäftslebens, wie ich es in den letzten vier Jahren kennen gelernt habe.

Dieses Buch ist gleichermaßen für den eBayer interessant, der sich aus dem Wohnzimmer arbeitend durch den Verkauf Geld dazu verdient, als auch für jene, die etwas professioneller handeln, vielleicht sogar hauptberuflich ihre eBay Konten verwalten. Dass meine ehemaligen Konkurrenten, sprich jene wenigen Powerseller, die sich in ähnlichen Größendimensionen befinden

wie bis vor kurzem ich, dieses Buch lesen werden, ist natürlich vorprogrammiert. Und wenn nicht, sollten sie es tun. Aus Fehlern kann man viel lernen, und am besten ist es, wenn man aus den Fehlern anderer lernt.
Es ist mein erstes Buch und neben dem eBay-Thema nutze ich es gleich, um mir auch selbst die Ereignisse der letzten Jahre noch mal zu vergegenwärtigen; sorry also an alle, die ein reines eBay-Sachbuch kaufen wollten...

Aber dieses Buch ist natürlich besser als ein weiteres Sachbuch mit mehr oder minder schlauen eBay-Tipps, erstens weil wir die größten Seller auf eBay waren und den Markt, die Leute, die Möglichkeiten und vor allem die Probleme gut kennen. Vor allem aber, weil wir nun draußen sind und ich objektiv schildern kann, was passierte und niemanden, auch nicht mich selbst, schonen muss.
Vielleicht kann dieses Buch dem einen oder anderen Marktteilnehmer helfen, der an der großartigen Idee des eBay-Handles teilnehmen möchte. Jedenfalls kann sich der angehende eBay-Powerseller durch die Lektüre dieses Buches eine Menge an möglichen Fehlern und an unnötigem „Lehrgeld" ersparen.
Innerhalb weniger Jahre den umsatzstärksten Seller im gesamten eBay Imperium aufzubauen war ein faszinierendes Erlebnis. Das jähe Ende ist eine Erfahrung, die ich gerne missen würde, aus der ich aber auch sehr viel gelernt habe.

Als ich mit dem Handel auf eBay begonnen habe, verdiente ich besser als je zuvor, bis zu 15.000 € pro Monat sind mir geblieben, es war traumhaft. Ich habe zwar sechzehn Stunden täglich gearbeitet, aber ich fühlte mich frei, ich war eine One Man Show, das beste Bespiel für die in den Medien so oft zitierte Ich-AG. Ich hatte alles im Griff, ich hatte nur ein einziges Produkt ein winziges Büro und ich kannte jeden Kunden.

Als es zu Ende ging, hatte ich 80 Mitarbeiter, 500 verschiedene Produkte, ich arbeitete zwar noch immer sechzehn Stunden am Tag, davon aber höchstens vier Stunden am Tag in sinnvoller Art und Weise, ich kannte keinen einzigen Kunden und hatte Lager und Büro mit 7000 m2 und in den letzten Monaten des Unternehmens habe ich Null verdient (im Gegenteil). Ich fühlte mich gefangen.

TEIL 1:

DIE QENTIS STORY

VOR EBAY

Meine geschäftliche Karriere hat schon im Alter von elf Jahren begonnen. Ich habe zu Zeiten, als es noch kein Internet gab, weltweit Flugzeug-, Helikopterroduzenten und Waffenkonzerne, angeschrieben und um Informationsmaterial gebeten. Die Konzerne schickten mir das gewünschte Material, immerhin habe ich täglich über zehn Anfragen rausgeschickt. Über 2000 Kataloge türmten sich in meinem Kinderzimmer, mir schwebte so etwas wie eine Bibliothek mit Schwerpunkt zeitgenössischer Waffen und Flugzeugkultur vor. Meine Mutter erwähnte das später beim Schulpsychologen... später als ich mit zwölf endlich einen Commodore VC20 besaß, machte ich mich als Programmierer selbstständig, immerhin konnte ich mein Taschengeld mit dem Programmieren ca. verzehnfachen, in der Schule war ich der Star...

Geschäfte haben mich immer schon interessiert, meistens in Verbindung mit Statistik. Schon in frühester Kindheit stellte ich mir Fragen wie etwa „wie viele Legosteine gibt es auf der ganzen Welt" oder *„wie viele Menschen sitzen in dieser Sekunde auf der Toilette?"*. Später änderten sich die Themen: *„wie viele Mädchen denken an mich"* oder *„wie viele Liter Coca Cola werden heute verkauft, was ist dabei der Umsatz und was bleibt übrig"*? und im Moment: *„wie viele Leute werden dieses Buch kaufen...."*

Mein erstes Unternehmen, die Guttmann & Marcovici GmbH" habe ich mit 17 Jahren gemeinsam mit meinem langjährigen Geschäftspartner Davies Guttmann gegründet. Ich musste volljährig erklärt werden, um das Unternehmen gründen zu können. Mein Vater, seine drei Brüder, mein Großvater, meine Mutter, als auch Ihre Eltern waren immer selbstständig, überhaupt waren rund um mich alle selbstständig, ich wusste damals gar nicht, dass man einfach einen Job haben kann und jeden Monat einen Scheck für seine Arbeitszeit bekommen kann. Studieren und selbständig werden oder gleich selbstständig werden, das waren die einzigen Optionen, die mir bekannt waren.

AUSTRIA BÖRSENBRIEF

Die Tätigkeit meines ersten Unternehmens war die Herausgabe des Austria Börsenbrief. Zusammen mit meinem Partner Davies Guttmann brachten wir eine Abozeitschrift für Anleger und Börsianer auf den Markt, eine Premiere in Österreich. Anfangs haben wir den Börsenbrief einfach auf einem Kopierer in wenigen Stunden produziert. Dass nach dem Börsencrash von 1987 der Wiener Markt boomte kam uns zugute, das Unternehmen hob ab, in kürzester Zeit hatten wir mehrere Tausend Abonnenten. Der Börsenbrief war so beliebt, dass Kunden versuchten die Druckerei zu bestechen, ihnen doch schon am Freitag die Ausgabe vom Montag zu überlassen und wir mussten eigene Leute zur Sicherheit einstellen. Zum Börsenbrief gesellte sich eine weitere Abozeitschrift für internationale Investoren, eine für ökologische Investments, eine für Futures und die Abhaltung von Seminaren. Außerdem betrieb ich ein Geschäft in der Wiener Innenstadt für Börsenliteratur und Software, welches hauptsächlich von Arbeitslosen und Hausfrauen frequentiert wurde und weniger erfolgreich war. Immerhin war aber auch der Gründer des heute vermutlich erfolgreichsten österreichischen Futures-Fonds ein Stammkunde bei uns.
Damals schwor ich mir, nie wieder einen Handel mit Waren anzufangen. Ich habe mein eigenes Versprechen gebrochen und es bereut. Doch auch die Tage des Börsenbriefes waren gezählt. Nach dem Überfall Iraks auf Kuwait stornierten viele Leser ihre Abos, wir verloren die Lust an der Sache und verkauften das Unternehmen (das übrigens bis zum heutigen Tag unverändert erfolgreich weiterläuft).

ERHOLUNG

Die nächsten drei Jahre verbrachte ich mit Wandern, Klettern und Bergsteigen. Meine Eltern hatten während meiner Kindheit andere Interessen. Mein Vater war selbständig und betrieb Supermärkte und war passionierter Pokerspieler, meine Mutter eine Kulturfreundin und Leseratte, von Dingen wie Wandern war nie die Rede gewesen. Berge waren für mich völlig abstrakt. Ich hatte also Nachholbedarf. Ich kaufte das notwendige Equipment: Seile, Gurt, Rucksäcke, Wander- und Kletterschuhe, Karabiner usw. Ich kletterte in den Alpen, in Marokko, in den USA, Afrika und pendelte zwischen Wien und den Bergen. Es war eine Spitzenzeit, teilweise nicht ganz ungefährlich.

Als ich eines Tages mit zwei Amerikanern in Las Vegas klettern war, (Red Rock sehr empfehlenswert!), und die beiden mir nach etwa drei von zwölf Seillängen etwas eigenartig vorkamen, gestanden sie mir, dass sie beide LSD genommen hatten. Schon wenn man sich in einer normalen Umgebung aufhält, ist die Wirkung von LSD beträchtlich und ein gewöhnlicher Spaziergang wird zum Abenteuer. Was die Auswirkungen sind, wenn man sich in ein paar hundert Metern Höhe in einer senkrechten Wand befindet, vermochte ich mit gar nicht auszumalen. Mein Leben hing also in den kommenden Stunden von diesen beiden halluzinierenden Todesmutigen ab. Ich habe es überlebt aber spezialisierte mich danach auf Solo Klettern. Nach etwa drei Jahren musste ich mich nach einem Nabelbruch einer Operation unterziehen. Den Nabelbruch bekam ich übrigens während eines Lachkrampfes. (Sie können sich über dieses Missgeschick ruhig lustig machen, aber auf eigene Gefahr!) Meine Sportlerkarriere war damit beendet obgleich ich mich im Spital geistig noch auf die Besteigung des Mount Everest vorbereitet habe. Das Geld war zu dieser Zeit jedoch aus und es war wieder notwendig, das nächste Projekt anzugehen.

BAUEN

Da ich seit jeher ein begeisterter Bastler war und eine neue Wohnung selbst renovierte, beschloss ich mich hauptberuflich dem Renovieren von Wohnungen und Häusern zu widmen. Das Geschäft war ein Vergnügen und lief wie geschmiert. Aufträge kamen herein, meine Ideen und die richtigen Handwerker ließen das Geschäft blühen. Diese Art von Gewerbe hatte eine unglaublich flache Hierarchie, es gab mich und immer mehr Arbeiter. Irgendwann gab es aber auch immer mehr Baustellen und Kunden, und es wurde zunehmen schwieriger, den Überblick zu bewahren. Ende des Sommers 1996 hatte ich plötzlich vier Kunden, allesamt aus dem engeren Bekanntenkreis, die nicht zahlen wollten. Das hat mich finanziell zwar nicht so sehr getroffen, aber ich war damals menschlich so enttäuscht, dass ich alles hingeworfen habe, die Baustellen waren schnell abgeschlossen, die Arbeiter gekündigt. Ich war wieder frei.

NEWCO

Es musste was neues her, die New Economy boomte, sofort startete ich mit meinem alten Geschäftspartner Davies Guttmann ein halbes Dutzend von Projekten und Unternehmen; Software Entwicklung, Design, Online-Fahrradversicherungen und Registrierungen, Zahlungsmethoden im Internet, werk.zeug das Technologiemagazin, E-mail für Kinder und vieles mehr. Zumeist entwickelten wir die Ideen bis zur Marktreife, bzw. Markteinführung und verkauften sie dann um mit dem nächsten Projekt beginnen zu können. Es wäre zu komplex, hier im Detail auf alles einzugehen. (Wer weiß – vielleicht wird das ja Thema meines zweiten Buches....) In dieser Zeit war es interessant zu beobachten, wie professionelle Investoren und erfahrende Unternehmer völlig durchknallten, und alles über Board warfen, was sie über Wirtschaft gelernt hatten, wenn die Karotte, die man Ihnen vorhielt nur groß genug war. Einige Projekte wurden nicht weiterverfolgt, andere verkauft... fast nichts war in unserer Hand geblieben außer Streetfashion...

STREETFASHION

Im Jänner 1998 ist mein Sohn Moritz auf die Welt gekommen, es war irgendwie an der Zeit ein Business zu suchen, dass ich mit meinen väterlichen Pflichten vereinbaren und auch eine Familie ernähren konnte.

Das einzige Projekt unserer „Economic Jam Session", das überlebt hatte, war das Streetfashion Magazine, ein Modemagazin für junge Leute als Inspiration für ihr eigenes Styling oder aber auch für Modeschöpfer und andere Leute in diesem Bereich. Wir haben Fotografen auf der ganzen Welt ausgeschickt, um auf der Strasse Fotos von gut gestylten jungen Leuten zu machen. Mode, wie sie auf der Straße geschieht, und nicht von affektierten Modells dargestellt. Die besten Fotos wurden im Magazin veröffentlicht. Unsere „real-life-models" bekamen jeweils eine streetfashion email-adresse zugeteilt und wurden so zu einer einzigartigen community. Streetfashion hatte keine Texte, keine Artikel - nur Fotos; das hat die Herstellung sehr günstig gemacht und uns klar von den anderen Modemagazinen unterschieden. Die Einnahmen wurden über Inserate generiert.

Das Magazin hat Spaß gemacht, die Modeszene war lustig, viele Partys und Kunden in London, E-Mailand, Paris etc. haben die Arbeit zum Vergnügen gemacht. Das Projekt lief gut, aber wir wollten größer werden und nach drei Jahren an einem Projekt wollte ich wieder mal was anderes machen. Wir haben also einen Käufer für das Magazin gesucht, der das Inseratengeschäft weiter ausbauen sollte. Wir haben jemanden gefunden, leider - wie sich später herausstellte - nicht den Richtigen. Innerhalb weniger Monate hatte der neue Partner, der nun das operative Geschäft führte, den „spirit" des Projekts zerstört, sich mit allen Fotografen zerstritten und das Heft verunstaltet. Innerhalb kürzester Zeit war das Projekt erledigt und unser 49% Anteil am Magazin damit wertlos.

DO

Das nächste Projekt sollte ein Technologie / Gamingprojekt unter dem Arbeitstitel „DO“ werden, eine Kombination von Sammelkarten und SMS. Über Monate hatten wir Bussinespläne geschrieben, haben Shootings und Castings gemacht, die Game Story entwickelt.

Über Codes auf Sammelkarten sollten junge Leute gegeneinander antreten und Kämpfen, eine SMS Phantasiewelt sollte so entstehen...eigentlich nicht so übel, das Projekt könnte man durchaus noch machen, wer mehr wissen will und ca. zwei bis drei Mio. € aufbringen kann, soll mich ruhig anmailen unter mike@qentis.com !

Nach etwa einem Jahr Vorbereitung und endlosen Verhandlungen über die Gestaltung der Finanzierung des Projektes war endlich alles zum Vertragsabschluss fertig, zur Unterzeichnung trafen sich unser Investor, Inhaber einer etablierten Gaming Technologie Firma, sein und unser Anwalt in der Wiener Niederlassung von Deloitte Touche. Im Vertrag mussten noch einige Sätze umformuliert werden, wenige Punkte wurden noch besprochen, wir waren einig: Jetzt geht's los! Während der Besprechung kam jemand in den Raum und flüsterte unserem Investor etwas ins Ohr. Der stand darauf hin auf und meinte, es täte ihm furchtbar Leid aber das Projekt sei gestorben, wir werden schon bald erfahren warum, aber in den kommenden Monaten werde er keine neuen Investitionen vornehmen. Es war der frühe Nachmittag des 11 September 2001.

EBAY - DER ANFANG

SOLO

Damit war meine geschäftliche Karriere vorerst auf „standby", gleichzeitig war auch die Beziehung mit der Mutter meines Kindes beendet. Um meine Metamorphose zu perfektionieren entschied ich, im Moment keine neuen Geschäfte mehr anzugehen sondern mir ein time-out zu gönnen um meine persönlichen Sachen in Ordnung bringen zu können und wollte mich nebenbei künstlerisch betätigen - ein Wunsch, den ich schon lange hatte. Aus dem Unternehmen Streetfashion und dem SMS Spiel blieb mir ein 400m² Büro in der Wiener Innenstadt, welches ich räumen musste. Außerdem ein ganzer Haufen von Kompensationswaren, die wir anstatt Barzahlungen für Einschaltungen in Streetfashion erhalten haben und nun verkaufen mussten. Darunter waren Leatherman Messer, Freitag Taschen, Mont Blanc Kugelschreiber, Levis Hosen, Shirts und sonstige Dinge. Außerdem brauchte ich Geld, um meine Kunstwerke zu machen, meine Kunst war aufwendig und teuer in der Entstehung und es war ungewiss, wann ich das erste Kunstwerk verkaufen würde, es brauchte also einen gewissen Polster.

Ich habe also mein erstes eBay account eröffnet: „tichnak" ein Spitzname, den ich mal hatte. eBay war zu dieser Zeit noch anders. Damals zum Beispiel boten vier Händler Leatherman Messer an, heute sind es um die 300 Angebote, von denen viele gewerblich sind. Ich stellte also ein paar Leathermans auf eBay ein und so fing alles an...

LEATHERMAN

Nach einem Wochenende am Land kam ich zurück und konnte es nicht glauben, ich hatte über 50 Leathermans verkauft (mehr als ich hatte, ein Schicksal, das mich in den kommenden Jahren noch oft ereilen sollte und das wohl jeder eBayer kennt) und fast 200 E-Mails in meiner Inbox. In dieser Zeit habe ich alles selbst gemacht, mein System war so: In der Früh beantwortete ich alle E-Mails und schrieb die Adressen der Käufer auf Adressaufkleber, oder „Pickerl“, wie man in Österreich sagt. Als nächstes überprüfte ich PayPal Zahlungen und Bankeingänge, war ein Artikel bezahlt, wurde es am Sticker mit einem bunten Kreuz vermerkt, die Mappe mit den Klebern war heilig, alle Informationen war in ihr vereint. Dann verpackte ich alles und brachte die Sachen zur Post. Bis dahin war es meist schon 22:00 Uhr. Als die Kompensationswaren verkauft waren, mistete ich meinen Haushalt aus. Alte Weine, Spielekonsolen, Kameras, Silber, Elektronik, alles was nicht unbedingt notwendig war, wurde verkauft und da ich mehr Leathermans verkauft hatte als ich besaß, musste ich welche nachkaufen. Und schon bald belieferte mich Leatherman zwei bis drei Mal pro Woche. Täglich gingen bis zu 50 Leathermans an die Kunden raus.„Noch zwei Wochen...“ sagte ich mir, „...ich kann jederzeit aufhören, ich bin ein Ein-Mann Betrieb“, das war die Devise. Ich redete mir ein ich könnte in einem Monat aufhören, aber ich war bereits infiziert und ich hatte Blut geleckt, es war leichtes Geld und es war traumhaft. Fast vier Monate ging es so dahin, bis zu 15000 € Pro Monat blieben mir. Ich war zum ersten Mal mein eigener Herr, ich hatte alles unter Kontrolle, ich musste nur mich lenken, keine Angestellten, keine Besprechungen aber auch keine Buchhaltung. Allerdings auch keine Zeit mehr. Gestrichen waren Fitnesscenter, Wandern, Ausgehen, Wochenenden mit meinem Sohn und auch meine Freundin machte den Wahnsinn nicht lange mit, leider war ich sosehr vom Geschäft besessen, dass mir alles andere egal war - Hauptsache der Rubel rollte.

LEGALIZE

Das Büro, in dem wir eingemietet waren, gehörte früher russischen Geschäftsleuten, die Schuhe von China nach Moskau verkauften. Nach deren Pleite oder Flucht (wahrscheinlich beides) haben wir das Büro übernommen. Eines Tages kam ein fliegender Schwarzhändler bei der Tür herein. Der ca. 70 Jahre alte Mann stellte sich als Aleksej vor und hatte ein exquisites Sortiment anzubieten. Getrockneten Stör, Zigaretten, Cuba Zigarren und Beluga Kaviar. Mir war klar, dass es sich nicht um einen neuen Vetriebskanal einer Supermarktkette handelte, sondern eher um einen Vertreter des russischen Schwarzmarktes. Sofort checkte ich den Preis der Waren auf eBay, es klang viel versprechend. Ich kaufte zehn Dosen Beluga Kaviar mit 113 Gramm à 40 € und bat ihn in einer Woche wieder zu kommen, ich würde schon bald mehr brauchen. Sofort baute ich eine Auktion mit dem Slogan „täglich frisch vom Schwarzen Meer", besorgte Kühlelemente für den Transport und startete eine „Sofort Kaufen" Auktion zu einem Fixpreis von 119 €. Die Ware war heiß, alle zehn Gläser waren sofort verkauft. Wie heiß die Ware tatsächlich war, merkte ich schon am übernächsten Tag. Da stand doch tatsächlich die Zollwache mit riesigen leeren Koffern für den Abtransport der Ware vor der Tür. Ich wurde ca. 2 Stunden verhört:

„ Wir wissen dass sie 100 Kilo Kaviar gekauft haben!"

„Übertreiben sie da nicht ein wenig?"

„Geben Sie es zu!, Sie gehören zu einem Schmuggelring!"

„Eigentlich nicht."

„Es hat keinen Sinn zu leugnen, wir haben Beweise!"

„Wozu brauchen Sie dann mein Geständnis?"

„Wir haben Ihr Telefon abgehört!"

„Den ganzen Unsinn haben Sie sich angehört?"

„Ja das haben wir, Wir werden alles durchsuchen!"

„OK."

Das Büro und meine Wohnung wurden durchsucht, es gab im Büro nichts zu finden, die 10 Dosen waren bereits auf der Reise. Später in meiner Wohnung haben sich die Herrschaften dann

eher für meinen Heimkinoprojektor interessierten und mussten dann mit ihren riesigen, leeren Koffern abziehen, die 10 Dosen wurden noch am Vortag versendet. Trotzdem hatte ich irgendwie keine Lust mehr auf Kaviar, der Spaß kostete in den folgenden Monaten und Jahren etwa 7.000 € Strafe, ich hatte gegen Steuer, Zoll, veterinärmedizinische Richtlinien aber auch - und das hat mich persönlichen sehr getroffen - gegen das Artenschutzabkommen verstoßen.
Jedenfalls war es Zeit, mein Business nun rückwirkend zu legalisieren, Rechnungen zu produzieren und diese auch in die Buchhaltung der qentis einfließen zu lassen. Ein Fehler, wie sich später herausstelle, da die Firma mir nur zu etwa 30 % gehörte. Aber dazu später.

SPEICHERKARTEN

Weitere 30% gehörten Davies Guttmann. Mein Expartner aus Börsenbriefzeiten und Streetfashion. Davies hielt es dann auch nicht lange ohne mich aus und ich auch nicht ohne ihn, also beschlossen wir wieder zusammen zu arbeiten. Es war die Beste Zeit des eBay Geschäfts.
Erst brauchten wir weitere Waren, die Kompensationswaren und die Einrichtung des Büros waren langsam aus. Der einzige Artikel, den wir hatten, waren Leathermans. Und auch am Leathermanmarkt kam nun Wettbewerb auf, in kürzester Zeit gab es drei weitere Verkäufer... keine ungewöhnliche Entwicklung auf eBay.
Wir knüpften also Kontakte in die USA und entdeckten schon bald die perfekte Ware für uns: Speicherkarten!
Den Effekt, den ein einziges (korrekt eingestelltes) Angebot am eBay Marktplatz haben kann, habe ich nie wieder in diesem Ausmaß erlebt. In einer einzigen Auktion von 256SD (Secure Digital) der Firma Sandisk (mit LED-Lenser Taschenlampen gebündelt) haben wir 800 Stück Verkauft. Es war die maximale Anzahl von Artikeln in einer Auktion. Über die Kombination von Speicherkarten mit Taschenlampen, Miniautos, Stativen,

Taschen oder sonstigen Kleinkram wurden wir über Nacht die größten Verkäufer von Speicherkarten auf eBay. Da die österreichische Post die Artikel aber viel zu langsam beförderte, heuerten wir verschiedene Fahrer an, die für uns nach Passau an der deutschen Grenze fuhren und die Karten dort täglich zur Post brachten. Das Organisieren von Fahrern war aber nicht immer einfach, der Job war unangenehm und die Pakete wurden immer im letzten Moment fertig. Die Fahrzeit nach Passau war immer knapp, aber Geldstrafen wegen erhöhter Geschwindigkeit in Kauf zu nehmen war es allemal wert! Eines Tages rief mein Partner Davies unseren Ersatzfahrer an. Unangenehmer Weise konnte er an jenem Tag nicht, denn seine 80-jährige Mutter war soeben gestorben. Auf mein Drängen hin hat Davies es nach 14 Tagen wieder versucht, da ging es wieder nicht, da an dem Tag die Beisetzung war. Eine Woche später, mein Partner war kaum mehr dazu zu bringen, ihn anzurufen, erlitt der Vater des Fahrers einen Schlaganfall. Daraufhin rief ihn Davies ein Monat lang nicht mehr an. Als dann wieder Not am Mann war und, er ihn anrief war die Sache endgültig gelaufen: Der Mann hatte 1 Million € im Lotto gewonnen.

POWERAUKTION: DER ERSTE RÜCKSCHLAG!

Von Anfang an war unsere Politik „Sofort Kaufen" Auktionen einzustellen und parallel dazu ähnliche aber nicht gleiche Artikel ab 1 € zu versteigern. Die beiden Verkaufsformen haben nun mal ein unterschiedliches Publikum, zumal sich „Sofort Kaufen" Angebote sehr dazu eignen, den Preis der Auktionen in die Höhe zu treiben. Es ist ein auf eBay gängiger Trick, dass man „Sofort Kaufen" Auktionen einstellt, mit einem hohen Preis, den man vermutlich nicht bekommen wird, um die anderen „1 €" Auktionen desselben Produkts in die Höhe zu treiben. In der Hektik dieser Tage, als der Umsatz stieg und stieg, unterlief uns dann auch unser erster schwerer Fehler:

Beim Einstellen einer 1 €-Auktion für Sony Memory Sticks, welche aus einem „Sofort Kaufen" Angebot umgewandelt wurde (hierbei wird eine bestehende Auktion genommen und einfach überarbeitet, eine der üblichen Praktiken auf eBay), habe ich die Stückzahl nicht geändert und das Angebot lief so aus. 244 Memory Sticks wurden in einer so genannten Powerauktion auf einmal ab 1 € versteigert und verkauft. 244 Sony Memory-sticks im Wert von fast 36.000€ um einen Gesamtpreis von nur 21.000€! Man muss aber auch sagen, dass die Power-auktion eine Versteigerungsform ist, deren Sinn ja kaum jemand wirklich kapiert. Es wurden also 244 Memorysticks ab 1 € versteigert. Interessenten gaben Gebote für eine bestimmte Menge zu einem bestimmten Preis ab. In diesem Fall bekamen die 244 höchsten Gebote den Zuschlag zum Preis des niedrigsten der 244 Gebote welches noch einen Zuschlag erhielt. In diesem Fall waren das 87 €, daher also 87 x 244 sind 21.228 €, Einkaufspreis waren ca. 36.000 €.Erstmals seit Anfang des Geschäfts wurden wir mit der eiskalten Realität des eBay-Geschäfts konfrontiert. Aus dem „sorry es war ein Fehler“wurde nichts, die Käufer haben fast alle auf Lieferung bestanden und das teilweise auch mit ihren Anwälten durchgesetzt, das deutsche Recht, das in vielen Punkten nicht sehr harmonisch mit dem wachsenden Online-Handel im Allgemeinen und insbesondere mit der eBay-Welt im Speziellen harmoniert, unterstütze dies damals. So verloren wir 15.000 €. Aber wir lernten unsere Konkurrenten kennen, die nämlich unsere Großkunden in dieser Auktion waren. Von da an standen wir laufend in Kontakt mit den anderen Speicherkartenhändlern auf eBay und das Speicherkarten-Kartell war geboren. Wenig später haben die Händler aller verschiedenen auf dem Markt erhältlichen Speicherkarten ein Forum eingerichtet, um die Preisgestaltung abzusprechen - es war eine gute Zeit für das Geschäft.

VELOCE

Irgendwann wurden die Fahrten nach Passau zur Post nicht mehr den Anforderungen gerecht. Wir mussten eine Liefermethode finden, bei der die Sendungen „getrackt“ (zurückverfolgt) werden konnten. Bisher hatten wir einfach Briefe aufgegeben; aber immer mehr Leute hatten das durchschaut und behauptet, die Sendung sei nicht angekommen. Das passiert hauptsächlich nur jenen eBay Händlern, die eine gewisse Größe haben, da de persönliche Kontakt nicht mehr vorhanden ist. Anscheinend schadet es dem Gewissen weniger, eine große Firma zu betrügen, als einen Menschen aufs Kreuz zu legen, dem man bereits fünf E-Mails geschrieben, oder möglicherweise sogar schon mit ihm telefoniert hat. Wir haben uns also nach einen Kurierdienst umgesehen und sind mit Veloce (eigentlich in Wien für Fahrradboten bekannt) ins Geschäft gekommen. Veloce ist ein Botendienst, der mit anderen Kurierdiensten Verträge abgeschlossen hat. Die Send-ungen wurden jeden Nachmittag abgeholt und befördert. Bereits nach kurzer Zeit gab es Probleme, die Sendungen konnten nicht zugestellt werden, gingen verloren, das Tracking funktionierte nicht - es war furchtbar. Letztlich wurden sehr eilige Sendungen (Backlogs) gar nicht befördert, an einem anderen Tag kam niemand abholen - es war eine Katastrophe. Wir haben die Geschäftsbeziehung eingestellt, die noch offenen Rechnungen nicht bezahlt und uns von Veloce klagen lassen.

Wir haben 2000 Seiten Beweismaterial zusammengetragen, 8000 Kundenmails durchgesehen, um herauszufinden welche Sendungen verloren wurden, welche doch noch angekommen sind usw. Den Prozess haben wir verloren, wir haben uns zwar unzählige Male beschwert, aber nicht innerhalb der erforderlichen 21 Tage Frist die Firma Veloce offiziell gerügt. Das Gesetz sieht vor, dass man unter Kaufleuten innerhalb von 21 Tagen eine förmliche Rüge erteilen mus, andernfalls kann man später nicht mehr eine Zahlungsermäßigung oder Ähnliches verlangen. Von da an versendeten wir mit UPS... doch das ist eine andere story.

SHIPPED FROM THE US!

Irgendwann waren die Margen bei den Speicherkarten auch nicht mehr so toll. Teilweise lag es am enormen Mitbewerb, aber es gab auch einen anderen Grund. Einige Anbieter versandten die Karten direkt aus den USA und umgingen so die MwSt. von 16% in Deutschland oder von 20% in Österreich. Wir haben das sofort ausprobiert und haben die Karten auch „shipped from the US“ gelistet, ohne MWST. Unseren US-Lieferanten haben wir gebeten, die Karten direkt an die Kunden zu senden. Der Versand aus den USA nach Europa kostete ca. 3.5$ pro Brief. Die MwSt. machte ca. 15 bis 30 € aus und der Versand in Europa war nicht billiger. Aber es wurde ein Desaster: fast drei Wochen dauerte es bis die Karten beim Kunden waren, einige wurden dann vom Zoll geöffnet und die MWST beim Kunden kassiert. Andere, fast jede zehnte, kamen gar nicht an, so konnte es also nicht funktionieren.

Wir haben dann bei drei verschiedenen Mitbewerbern bestellt, die angeblich auch aus den USA schickten. Der erste Brief kam tatsächlich nach drei Tagen an, Poststempel war aber Frankfurt, der zweite kam am nächsten Tag aus Hannover. Geographie war immer mein Lieblingsfach, ich wusste genau: weder Frankfurt noch Hannover liegen in den USA. Der dritte kam nach zwei Wochen aus den USA. Die ersten beiden waren eigenartig verpackt, mit einem Uhu-Kaugummi war die Karte auf einem Karton befestigt und das ganze in Haushaltsfolie, statt in die original „blister-pack“-Verpackung verschweißt. Zusätzlich waren auch an zwei der Kuverts kleine USA Flaggen aufgeklebt um das ganze mehr auf USA-style zu trimmen, auch die Kuverts waren US-Erzeugnisse. Der Hintergrund dieser Sache erschien mir einleuchtend: ein Reisender, vermutlich ein Freund oder Angestellter dieses Speicherkarten-Anbieters, konnte ohne weiteres Speicherkarten um 50.000 bis 100.000 € in sein Handgepäck packen, das Risiko am Zoll damit erwischt zu werden war vermutlich gering, da ein Zöllner wahrscheinlich gar nicht einmal verstand, was er da genau vor sich hat, schon gar nicht, dass ein paar Plastikchips einen Wert von bis zu 100.000

€ haben könnten. Waren die Karten erst mal nach Europa geschmuggelt, wurden sie wohl neu verpackt; das Verpackungsmaterial konnte ja ohne Gefahr getrennt versendet werden. Damit umging der Händler bei der Einfuhr die Umsatzsteuer, die er dann beim vorgetäuschten Direktversand aus den USA ja auch nicht ausweisen musste, da die (wenn überhaupt) beiliegende Rechnung vermutlich von einer amerikanischen oder offshore Firma ausgestellt war und die Mwst. an sich von den Zollbehörden hätte eingefordert werden müssen. Da die Karten aber tatsächlich aus der EU versendet wurden und den Zoll nie passierten, schlüpften sie scheinbar wie durch ein Wunder ohne Probleme durch den Zoll und kamen, wie man in den Bewertungen jenes Händlers entnehmen konnte schon drei Tage nach Bezahlung aus den USA in Deutschland an. Die Methode war nicht übel, und solange eine Steuer- oder der Zollbehörde keine Testkäufe machte, war es wohl schwer, dem Händler den Betrug nachzuweisen. Und dabei hat es sich sicherlich um keinen Einzellfall gehandelt. Die um die 16% oder 20% MWST erhöhte Marge war von den legalen Verkäufern nicht machbar, und die schauten dann durch die Finger. Auch wir konnten irgendwann nicht mehr mithalten und sind aus dem Geschäft mit Speicherkarten wieder ausgestiegen.

GRAUMARKT

Anfang 2003 brauchten wir neue Waren, bei den Leathermans hatten wir zu viel Konkurrenz bekommen, die Speicherkarten waren durch die „shipped from the US“ Anbieter kaum mehr profitabel verkäuflich. Wir begannen, uns auf Grauware zu konzentrieren. Grauware sind Markenartikel, bei denen es erhebliche regionale Preisdifferenzierungen gibt. So kostet z.B. eine Bose Lifestyle 48 Anlage, in Deutschland 5000€ und in den USA nur etwa 3000$. Der Grund ist sehr einfach: der US Markt ist kompetitiver, und der europäische Markt exklusiver, oder zu deutsch - die Europäer sind bereit mehr zu bezahlen. Nahezu alle Markenartikelproduzenten gehen so vor. Am dramatischsten ist es z.B. bei Medikamenten oder bei Luxusartikeln. Oder generell bei Waren, die geringe Entstehungskosten haben. So kostet z.B. das gleiche Parfum von Hugo Boss in der Londoner City 79 Pfund (ca. 120€) und im Shopping Center MBK in Bangkok lediglich 2000 Bat (ca. 40 €). Es ist keine Fälschung, aber auch ein wohlhabender Thai bezahlt nun mal keine 120€ für ein Parfum. eBay ist ein guter Markt für Grauware, da der Kunde natürlich vor allem den Preis vergleicht, und da ist die Grauware am billigsten. Der Konsument kann in der Regel Grauware nicht von regulärer europäischer Ware unterscheiden.

Wir haben also allerlei Waren aus den USA nach Europa importiert: Fotoblitze, Objektive, Kameras, Mp3 Player, turntables, Mixer und unzählige andere Dinge. Letztlich ist der Einzige, der geschädigt wird - und sich durchaus auch wehrt - der Generalimporteur jener Marke im jeweiligen europäischen Land. Die meisten Importeure haben aber andere Probleme, und die Mengen der selbst importierten Waren sind auch viel zu niedrig, um die Importeure zu kümmern. Oftmals sind die Importeure sogar selbst Teil der Graumarktmaschinerie. Es gibt aber, abgesehen von den Importeuren, noch viele andere Probleme, in den meisten Fällen technischer Natur, wie etwa: RDS, NTSC/PAL, 110V/230V, Frequenzraster, SECAM, Frequenzbänder, CE Konformität, DVD Region, US Seriennummer, andere Verpackung, keine deutsche Anleitung, keine Garantiekarte - kurz die Hersteller wehren sich. Lustigerweise sind die Hersteller aber auch durchaus Teil des Graumarktes. Viele Geräte haben dann doch einen Code mit dem man den DVD Code (sozusagen über eine Hintertür) öffnen oder beim Autoradio das Frequenzraster ändern kann, oder die Geräte sind de facto dual-voltage (110 und 230 V) obgleich es im Handbuch nicht ausdrücklich erwähnt ist. Wir wurden Experten im Neuverpacken, im Besorgen und Übersetzen von Betriebsanleitungen und im Umstellen von Radios, DVD Recordern, Kameras uvm. Bei einigen Geräten mussten wir bis zu 20 (!) Bauteile, darunter Mikrochips, tauschen, um sie europafit zu kriegen.

Zu diesem Zweck haben wir bei der qentis eine eigene Geheimwerkstätte eingerichtet, denn der Umbau der Geräte war oft aufwendig und schwierig. Erst kam die Analyse der Bauteile, teilweise wurden diese unkenntlich gemacht und falls ein Ausmessen derselben nicht möglich war, nutzten wir ein Labor in Shanghai, um insbesondere Mikrochips ausmessen zu lassen. Dann wurden die Teile nachbestellt, aus Taiwan, USA, Deutschland. Auch die Codes um die DVDs zu decodieren oder das Frequenzraster umzustellen, mussten besorgt werden. Manchmal ging das nur über interne Mitarbeiter von Produzenten oder über deren Zulieferer. Manche Hersteller haben auch eigene Fernsteuerungen oder Geräte entwickelt, um die Radios und Soundsysteme umzustellen, diese mussten dann zugekauft werden teilweise über abenteuerlichste Kanäle. Um ein japanisches Luxus-Autoradio europafit zu bekommen, habe ich mich selbst mit 10.000 US$ in cash in einem Hotel in Tokio mit einem Mitarbeiter des Produzenten getroffen, um von ihm ein eigenes Gerät zu übernehmen, mit dem die Umstellung möglich war. Um das Gerät zu testen, ging ich bereits am Vortag in Tokios Innenstadt ein solches Autoradio kaufen. Nach unserem Treffen mussten wir etwa 2 Stunden zu einer Werkstätte außerhalb Tokios fahren, dort wurde das Radio eingebaut, umgestellt und ich konnte meine europäische DVD abspielen. Ob der Frequenzraster auch ok war, konnte ich erst in Europa überprüfen, aber ich übernahm das Gerät und die Umstellungen sind dann in Wien gelungen. Wenig später habe ich erfahren, dass jener Mitarbeiter seinen Job verloren hatte. Einige Wochen später wurden unsere Auktionen von der Plattform aufgrund des VERI-Programmes von eBay gelöscht (mehr zum VERI Programm später.).

Die Margen in diesem Geschäft waren gut und immer mehr Marken und Produkte kamen zu unserem Programm hinzu. Durch die vielen, ausgezeichneten Bewertungen auf unseren beiden damaligen Konten, „tichnak“ und „bertabraun“ hatten wir auch das Vertrauen der Käufer. Wirklich profitiert von diesem Geschäftszweig haben natürlich vor allem die vielen

Käufer, die Spitzenprodukte in Top-Qualität zu absoluten Traumpreisen ersteigern konnten.
So war es uns auch möglich, sehr teure Artikel, mit Preisen von mehreren Tausend Euro pro Stück einzustellen und zu verkaufen. Das trauten sich damals wirklich nur die wenigsten Powerseller.
Verschiedene Unternehmen in den USA, Argentinien, Dubai und Hongkong belieferten uns zu dieser Zeit mit Grauware.
Einer der interessantesten „paralell-market"-Spezialisten, die ich kennen lernte, war Jack Feinstein. Feinstein lebte gleichzeitig in London, Paris, Tel-Aviv und Hongkong. Bei jedem Treffen mit ihm, hatte er über ein halbes dutzend Telefone bei sich, und es wurden scheinbar jedes Mal mehr. Anhand der Anzahl seiner Handys wusste ich, wie viele verschiedene „Set-Ups" er gerade hatte. Auf der Rückseite der Mobiltelefone waren Aufkleber mit dem Namen und dem Ort der virtuellen Person und des Unternehmens, welche hinter dieser Nummer stand. Ungefähr 80% der Zeit jedes Treffens sah ich ihm beim Telefonieren zu:

„Hi this is John, oh hi Sammy, I am in Nairobi right now, can I call you back ?"
„This is Erick from Southpacificblabla enterprises, I am in Shanghai right now, the check? Yes sure, it´s in the post! Please call me, no forget it, I call you tomorrow"
„This is Joel, Hi Sarah, listen I am at the gate in JFK, I cant talk right now, I need to board right now, I call after arrival!"

Er hatte ca. 20 Büros verteilt über die ganze Welt, und jedes war damit beschäftigt Luxusartikel, Pharmazeutika oder andere Markenwaren zu Bestpreisen in exotische Länder zu exportieren und von dort nach Europa oder in die USA zu
reexportieren.
„Irak is hot right now, I can get you anything you want from Dubai via Bagdad, airlifted to Berlin, of course I need cash down for this, ok?"
Das war ok, aber auch die Grauware hatte abgesehen von den

Importeuren, die uns nur zu gerne verklagt hätten, noch andere Schattenseiten. Es wurde immer schwieriger, die Ware problemlos an den Kunden zu bringen. Immer mehr Normen und Spezifikationen machten die Sache komplizierter und die fehlende Garantie blieb dann an uns hängen. Oft waren die Geräte für uns nicht zu reparieren, und wir mussten den Kunden im Endeffekt ein Ersatzgerät besorgen oder den Kaufpreis refundieren. Das bedeutete doppelte Kosten und vor allem mehr Lagerplatz für ein weiteres Gerät, an dem zwar oft nur eine Kleinigkeit fehlte, das aber für uns trotzdem nahezu wertlos war. Es war ein zweischneidiges Schwert mit Grauware zu handeln, man konnte sich einerseits einen großen Teil vom Kuchen abschneiden, der weltweit in diesem Marktsegment vorhanden war, aber ehe man es sich versah, schnitt man sich statt der Kuchenscheibe die halbe Hand ab und hatte bei einem einzigen Deal eine Menge Geld verloren.
Mit der Einführung des VERI Programm bei eBay wurde die Sache noch schwieriger, ein einfaches Fax des Markeninhabers reichte bereits, um das „delisting“ (also das Anhalten und Entfernen einer laufenden Auktion) bei eBay zu erlangen, insgesamt wurden wir ca. 100-mal delistet. Die Fa. BOSE und zwei andere klagten uns, aber wir einigten uns auf einen Vergleich. Wir hatten Glück, viele andere auf eBay hatten wesentlich größeren Schaden. Trotzdem blüht das Geschäft mit Grauwaren auf eBay weiter. Der anhaltend billige US-Dollar und die hohe Konkurrenz am US-Markt sorgen nach wie vor für große Preisdifferenzen und machen das Geschäft, zumindest mit einfachen Artikeln, lukrativ.

LEATHERMAN SPECIAL EDITION

Nachdem es irgendwann für jeden Artikel mehrere Anbieter gab, war es natürlich das Schönsten, einen Artikel zu haben, den kein anderer hatte. Hier war Kreativität gefragt. Eine der besten Geschichten dieser Art war der „Leatherman British Army Edition". Irgendwann im Frühjahr 2003, als ich als aktiver Verkäufer von Leathermans auf eBay bereits wohlbekannt war, schrieb mir ein eBayer, er könnte an eine ganz spezielle und exklusive Ausführung eines Leathermans kommen. Es handelte sich um Leathermans, die die britische Navy veredelt hatte, um die an sich rostgefährdeten und schlecht zu pflegenden Messer in der britischen Marine verwenden zu können. Ich bat ihn, mir doch mal ein Exemplar als Muster zu senden, ich würde es natürlich vorauszahlen, aber das lehnte er strikt ab. Er meinte, es wäre viel zu gefährlich in irgendeiner Weise seine Identität preiszugeben, eine Übergabe könne nur persönlich erfolgen. Jason nannte sich der Mann, der in der Nähe von London lebte und seiner Erzählung nach auf einer Navy Basis arbeitete. Da mich die Sache interessierte, sagte ich zu einem Treffen in London zu. Das Treffen fand in einem prêt-a-manger Bistrot, nähe Covent Garden statt. Der Mann sah zwar nicht gerade wie ein Navy Seal aus, sondern eher wie ein Abgesandter der albanischen Mafia, aber er war recht sympathisch, er erklärte mir, die Leathermans wären ideal für die Besatzung von Schiffen und U-Booten der Marine, weil es immer wieder kleinere Reparaturen an Bord gäbe. Die Oberfläche der Leathermans aber entsprach nicht den militärischen Standards und deshalb wurden diese verchromt, um sie gegen Meerwasser resistent zu machen. Außerdem wurden die üblichen gesperrten Schrauben gegen ebenfalls verchromte Teile ausgetauscht, die mit einem eigenen Werkzeug der Marine sehr schnell geöffnet werden konnten. Jedenfalls sahen die Dinger sehr gut aus, der Preis war 60 Pfund, und ich könne sofort 100 Stück haben, meinte Jason. Das war nicht nur das Minimum sondern auch das Maximum der Bestellung. Der Preis schien mir zwar hoch aber machbar und da ich nun schon extra dafür nach London gekommen war, akzeptierte ich. Wir verließen das Lokal, er bat mich in der Nähe in einem anderen Lokal zu warten und erschien wenig später wieder mit einer Kiste und ich übergab ihm die 6000 Pfund. Zurück in Wien machten wir Photos und listeten die “Leatherman Wave British Army Special Edition”. Wir bekamen bis zu 250 € für jedes Teil, das war natürlich ein Hit. Sofort schrieb ich Jason, dass ich Nachschub benötigte. Vierzehn Tage lang habe ich nichts von Ihm gehört, dann schrieb er mir, ich sollte in drei Tagen wieder im prêt-a-manger auf ihn warten, allerdings nur ich, keine andere Person. Insgesamt 6-mal bin ich in dieser Mission nach London unterwegs gewesen, dann habe ich nie wieder von Jason gehört. Ob die Leathermans tatsächlich von der britischen Armee waren oder nicht habe ich nie erfahren. Als allerdings einmal der Mutterkonzern der Firma Leatherman aus den USA einen solchen bei uns ersteigerte bevorzugte ich es, nicht zu liefern.

REFURB

Es gab aber noch verschiedene weitere Waren, die mit hohen Margen verkauft werden konnten. Eine solche Gruppe waren “refurbished” Artikel oder zu deutsch “wiederaufgearbeitet”; es handelt sich hierbei um ein eigenes Marktsegment, welches sich in erster Linie in den USA etabliert hat. Refurbished Artikel sind solche, die entweder aus Retouren stammen und beim Hersteller selbst wieder überarbeitet wurden, oder Waren, die einen Serienfehler hatten und überarbeitet werden mussten, oder aber Artikel, die nicht mehr zum aktuellen Angebot der Herstellers gehören und daher eigentlich nicht mehr regulär verkauft werden können. In diesen Fällen werden diese Waren als refurbished Artikel neu verpackt. Oft unterscheiden sich neue Artikel von wieder aufgearbeiteten nur durch einen kleinen Aufkleber auf dem „refurbished“ steht, manchmal ist es auch eine eigene Verpackung. Die Qualität ist normalerweise gleichwertig mit den fabriksneuen Gegenstücken.

Das Wort “refurbished” sagt aber einen Continentaleuropäer eigentlich gar nichts und so war es für uns sehr einfach, selbst im eBay Angebot solche Artikel als z.B.: aus der refurbished Linie von Canon, Epson oder was auch immer anzupreisen. Meistens waren es Drucker, die wir so auf den Markt brachten. Es gibt nur einige wenige Großhändler in den USA, die mit dieser Ware handeln und die Nachfrage ist enorm. Üblicherweise wird der Händler anrufen und eine Menge von 200 bis 1000 Drucker zu einem bestimmten Preis anbieten, man hat aber keine Bedenkzeit, schlägt man nicht zu, wird der Händler wenige Stunden später einen anderen Käufer haben. Wir haben in den besten Zeiten jede Woche um die 1000 Drucker ge- und verkauft, und obwohl die Drucker fast immer aus den USA mittels Luftfracht kamen und auch noch mit einem Stromwandler von 220 V auf 110 V zusammengepackt werden mussten, war die Marge immer noch attraktiv. Neben Druckern haben wir aber auch wiederaufgearbeitete Kameras, Objektive uvm. auf den Markt gebracht. Auch heute findet sich noch eine ganze Menge von refurbished Artikeln auf eBay, üblicherweise ist ein etwaiger Hinweis darauf entweder nur verschlüsselt oder gar nicht zu finden Zugegebenermaßen, es gibt mit solchen Waren immer wieder Probleme, denn manche haben Kratzer oder sind sogar verstaubt, in seltenen Fällen sogar kaputt. Als die Problem überhand nahmen, haben wir die Menge wieder reduziert und sind Mitte 2005 schließlich aus dem refurb Geschäft wieder ausgestiegen.

EXPANSION

Durch die neuen Waren war unser Büro 2003 viel zu klein geworden, wir waren inzwischen sieben Personen und schickten 200 Pakete pro Tag. Das Büro war 40 m² groß, an einem Tisch saßen drei Leute, es war ein totales Chaos! Die Ware türmte sich bis zum Plafond, ab und zu fielen uns die Kartons auf die Köpfe. Mein Kollege Davies wurde einmal regelrecht unter refurbished Druckern vergraben und hatte sich dabei einige Schrammen zugezogen. Wäre jemand vom Arbeitsinspektorat gekommen, hätte ihn vermutlich der Schlag getroffen. Außerdem befand sich das Büro in einem Wiener Altbau in einem Zwischenstock, alle Waren mussten also auch noch einen Stock über Stiegen hinauf und hinunter getragen werden, der Aufwand war irre. Im Sommer 2003 übersiedelten wir endlich in ein 150m² Büro mit 800m² Lagerfläche. Immer, wenn ich das riesige Lager sah, hatte ich das Gefühl, wir würden es niemals voll bekommen, und dachte, die Immobilie wäre uns eine Schuhnummer zu groß. Da die Miete aber gering war, machte ich mir darüber nicht allzu viele Gedanken.

MEHR PLATZ

Inzwischen bekamen wir jede Woche zwei Lieferungen aus den USA, jeweils bis zu 10 Paletten Ware, insbesondere refurbished Drucker. Eines Tages aber fehlten Waren aus der Lieferung. Da wir den Schaden dokumentiert hatten und die Ware versichert war, rechneten wir fest damit, dass die Versicherung den Schaden bezahlen würde. In der Woche darauf fehlte wieder Ware, und in derselben Woche bei der nächsten Bestellung war es nicht anders. Insgesamt wurde innerhalb von zwei Wochen Ware um fast 70.000$ gestohlen! Doch die Sache war viel komplexer, als wir vermutet hatten und wir waren ja doch noch keine Experten in Versicherungsangelegenheiten. Die Waren sind zwar vollständig verzollt worden, aber in der Regel vergleicht niemand die physische Ware mit den Papieren, denn das wäre ja kaum zu bewältigen. Aufgrund dieser Tatsache aber zahlte die US-Versicherung den Schaden nicht aus. Die Versicherung meinte dies sei der Beweis, dass die Ware komplett in Österreich angekommen sei und die Versicherung geht nur bis zur Verzollung durch den Empfangsspediteur. Der Empfangsspediteur in Österreich wiederum zahlte nicht, weil der Schaden vor seinem Empfang entstanden war, und die vollständige Verzollung interessierte ihn im Übrigen nicht. Und so ging es dahin, jeder schob die Verantwortung auf den anderen. Es ging hin und her. Am Ende haben wir prozessiert und verloren. Der Richter meinte, die Spedition darf durchaus verzollen ohne zu prüfen, ob die Ware physisch auch vollständig ist, so wurde der Ball zurück in die USA gespielt. Nach einem weiteren Jahr mussten wir schließlich aufgeben, der Gesamtschaden war dann aufgrund der Anwaltskosten etc. etwa 80.000 US$ angewachsen.

MEHR UMSATZ

Der hohe Umsatz und die steigenden Kosten, wir waren bereits elf Leute, machten neues Kapital notwendig. Da die Bilanz des ersten Geschäftsjahres gut aussah, bekamen wir einen Rahmen von 200.000€ bei unserer Hausbank. Einige europäische Lieferanten gaben uns auch Kredit, aber wir wollten noch mehr Kapital. Der Markt war gut und wir wollten expandieren, aber vor allem wollten wir größere Mengen einkaufen, um die Margen zu erhöhen.

Mehr Waren und vor allem komplizierte, große Waren waren das Konzept. Wir wollten Waren haben, die so komplex waren, dass sich andere eBay-Seller noch nicht rangewagt hatten, somit wollten wir quasi außer Konkurrenz verkaufen und mit diesen Produkten die ersten Seller auf dem immer kleiner werdenden weißen Flecken von noch nicht angebotenen Artikeln auf der eBay Landkarte sein.

Neben der Komplexität der Ware war vor allem auch die einfache Größe des Artikels entscheidend, denn kleine Waren, die jeder in seinem Wohnzimmer aufbewahren kann, verkauften schon sehr viele auf eBay und nicht selten ohne Mehrwert-steuer abzuführen, da konnten wir natürlich nicht mithalten, große und komplizierte Artikeln waren also unsere Devise.

Das Konzept ging auf. Aber mehr, und vor allem große Ware bedeutete auch mehr Logistikaufwand und mehr Personal. 250 Pakete pro Tag - und es handelte sich nicht mehr nur um kleine Speicherkarten; jedes Paket musste perfekt gepackt werden.

Unsere Spezialität waren mittlerweile so genannte „photo-pakkages“. Diese bestanden zum Beispiel aus einer Markenkamera, einem Speicherchip, einem Kartenreader, einem Objektiv (manchmal sogar zwei), Reinigungstüchern, einem Stativ, einer Ersatzbatterie, einem Blitz, einer Fototasche, etc.. Bis zu 30 Artikel waren in einem Paket. Mit diesen packages waren wir auf den europäischen eBay-Märkten nahezu konkurrenzlos. Theoretisch eine feine Sache. In der Praxis gab es leider nur selten ein Paket das wirklich korrekt verpackt war, immer fehlte etwas. Mal war es die Speicherkarte, dann die Linse, dann wiederum das Stativ. Manchmal fehlte etwas, weil es beim Verpacken vergessen wurde, manchmal aber auch weil die Ware nicht lieferbar oder gerade aus war. Manchmal kam der Flieger nicht rechtzeitig an, manchmal aber war die Ware verspätet, weil kein Platz im Flieger war. Oft wurde aber auch einfach auf ein, oder sogar mehrere Teile vergessen. Jedenfalls gab es eine Unmenge an Gründen, warum ein Artikel gerade nicht da war, der Markt war sehr schnelllebig und unser Kapital begrenzt (insbesondere für den Lageraufbau). Das Nachschicken von Teilen wurde fast schon zur Routine. Wir wussten allerdings natürlich nicht, ob wir wirklich bei jeder Verpackung einen Fehler machten, oder die Kunden uns über den Tisch zogen. Oft war ein Artikel auch nicht lieferbar, aber die 2000€ Kamera nicht zu schicken weil der 2,50$ Card Reader fehlte, ergab auch keinen Sinn.
Irgendwann aber stolperte ich in deutschen und französischen Foren über Berichte von Leuten, die bei uns gekauft hatten und anderen empfahlen doch auch mal einfach zu schreiben, dass etwas fehlt, qentis liefert die Teile sofort nach. Sehr schön, das war aber nicht einfach in den Griff zu bekommen, schon gar nicht, wenn man ständig Angst vor negativen Bewertungen hatte.
Es war teuflisch; um aber die Sache in den Griff zu bekommen, forderten wir von nun an Bilder der Pakete an, in denen etwas fehlte, wir stellten suggestive Fragen, telefonierten mit den Kunden. Um uns besser gegen diese und auch andere

Sicherheitsprobleme zu rüsten, haben wir eine Mitarbeiterin von der israelischen Fluglinie EL AL abgeworben. Sheila, eine Sicherheitsexpertin, die in Israel ausgebildet wurde, war am Flughafen Wien in der Befragung von Passagieren, der Überprüfung der Passagierlisten, der Mitarbeiter am Terminal sowie anderen Sicherheitsbereichen der Airline tätig. Ihre Aufgabe bei uns war es, Methoden einzuführen, um den Kunden auf solche und andere Betrügereien draufzukommen und Systeme zu implementieren, die solche Sicherheitslücken schließen. Gleich vorweg, die Mitarbeit von Sheila war Gold wert. Unsere Fragen an die Kunden wurden perfekt strukturiert und durch spezielle Formulierungen ähnlicher Fragen, teilweise in E-Mails und teilweise in Telefongesprächen konnten wir sehr schnell herausfinden, welche Kunden uns betrügen wollten. Dabei waren manche Fragen auf den ersten Blick idiotisch, wir fragten Kunden z.B. doch tatsächlich, ob sie uns ein Bild der fehlenden Speicherkarte schicken könnten, und siehe manche meinten das wäre möglich (natürlich bedarf es der richtigen Formulierung etc.). Andere Indizien waren z.B. ein weiteres fehlendes Teil dazu zu erfinden, wenn der Kunde das akzeptierte war es zumindest ein Indiz dafür, dass er unehrlich handelte. Die gesamte Mannschaft wurde also neu geschult und die richtige Fragestellung und Formalisierung von Schadensansprüchen verbesserte die Situation wesentlich.
Als Krönung unserer Sicherheitsabteilung planten wir die Installation einer Röntgenanlage, ähnlich jener Geräte am Flughafen. Jedes Paket sollte nachdem es verschlossen wurde, geröntgt werden. Das Röntgenbild wird dann unter Paketnummer auf einem PC abgelegt. Praktischerweise könnte die Paketnummer in der Röntgenmaschine vom Barcode am Paket ausgelesen werden. Das bedeutet in unserer Datenbank würde nun unter der Paketnummer immer das jeweilig Röntgenbild abgelegt sein.
Nach dem Röntgen sollte jeder Kunde sofort das Röntgenbild zugeschickt bekommen, dadurch sieht er gleich, dass sein Paket am Weg ist und auch, ob alles drinnen ist. Zusätzlich

würde die Methode helfen, bei Problemen mit dem Speditionsunternehmen oder der Post verdeckte Schäden nachzuweisen, die durch diese verursacht wurden. Andere Nebeneffekte wären auch das Verhindern von betriebsinternen Diebstahls- oder Betrugsfällen (dazu etwas später). Also eigentlich ein Spitzensystem mit vielen Vorteilen. Sollte also etwas im Paket fehlen, konnte man das gleich erkennen und der Kunde könnte das Paket verweigern. Wir haben das mehrmals getestet und zahlreiche Röntgenaufnahmen von typischen Paketen gemacht. Das Ergebnis war sehr gut und sicherlich nützlich, auch die Anlage selbst wäre im Vergleich zum Nutzen nicht sehr teuer. Allerdings waren der damit verbundene Aufwand mit Strahlenschutz, Arbeiterrotation, Strahlenbealstungsmessung usw. viel zu groß. Das Projekt wurde deshalb wieder ad acta gelegt.
Wir bekamen die Situation einigermaßen in den Griff als wir die Packlisten von jeweils zwei Lagerarbeitern gegenzeichnen ließen, bevor ein Paket das Haus verließ. Jeder Verpacker hatte seinen Stempel mit seiner Nummer. So konnten auch Statistiken erstellt werden, wer wie viele Fehler machte. Später habe ich erfahren dass jener US-Powerseller, (priceitwholesale – war Mitglied seit: 22.04.99), von dem wir das Konzept der „camera-packages" abgeschaut hatten, inzwischen bankrott gegangen war.
In dieser Zeit erregte aber ein neuer Geschäftszweig unser Interesse: der Eigenimport aus China. Die Kamerasets sollten bald Vergangenheit sein. Den nächsten und gleichzeitig auch finalen Expansionsschritt setzten wir Anfang 2005. Unser Lager war uns schneller zu klein geworden, als wir je vermutet hatten und so übersiedelten wir ein weiteres Mal. Diesmal in eine ehemalige Produktionshalle der Firma Siemens. Auf über 3000 m2 hatten wir sowohl den gesamten Bürokomplex, als auch die eigene Lagerhalle unter einem Dach. Das Wegfallen mehrerer Lager sollte lange Wege und Redundanzen im internen Logistikprozess ausschalten, und auch die Kontrolle des gesamten Ablaufes sollte sich klar verbessern.

Den gesamten Bürobereich bestellten wir bei einem unserer Produzenten in China. Diese „cubicles“ sahen nicht nur „stylish“ aus, sondern waren auch überaus funktionell und vor allem billiger als jede lokale Lösung. Von der Infrastruktur her war wir nun bereit für den nächsten Expansionsschritt.

CHINA

HONGKONG

Mein Leben bekam eine neue Dynamik. Corporate Lifestyle würde man sagen, der Tag war ausgefüllt mit Terminen, Tasks, Telefonaten, Lunch, Dinner, Party, Besprechungen, Bussinestrips. Die Gespräche drehten sich um die billigsten Flugtickets, Flugmeilen, Umsatz, China, Geld, Sex, Party. Es gab kaum mehr etwas, das man in Ruhe machen konnte, alles war in ein enges Zeitkorsett gepresst. Ein Flug nach Hongkong war nur eine kurze, aber sehr angenehme Unterbrechung. Obwohl ich nicht Business-Class flog, waren es wenigstens ein paar Stunden in denen ich mich zumindest hinsetzen konnte – und vor allem weder telefonieren durfte (noch wollte). Sowie ich aus dem Flieger ausstieg, war ich schon wieder am telefonieren (zeitweise vertelefonierte ich über 3000 € pro Monat), schnell ins Hotel, online gehen, Drinks mit Produzenten, Dinner mit Geschäftsfreunden, totale Trunkenheit (welche ich mir nur selten leisten konnte; wenn Freunde von mir in Nachtclubs abhingen, saß ich meistens vor dem Computer), dann Party im Bezirk Wanchai. Dort habe ich dann verstanden, warum so viele Geschäftsleute Asien als den interessantesten Markt beschreiben.

Einmal, als ich zur Messe flog, traf ich dort, unter anderen auch den neuen Geschäftsführer eines wichtigen, österreichischen Elektronik-Großhändlers. Der gute Mann war allerdings vom Umfeld so beeindruckt, dass er in diesem Jahr die Messe nie gesehen hat; er ist von der Ankunft bis zur Abreise im Rotlichtviertel von Hongkong geblieben und dann sehr zufrieden wieder heimgereist.

Hongkong ist eine Stadt der Extreme. Alleine schon durch ihre politische Geschichte ist die Stadt völlig einzigartig. Aber wie sehr die Gegensätze aufeinanderprallen, merkte ich, als ich zufällig einen Bekannten aus Wien in Hongkong traf. Wir gingen in mein Hotelzimmer und er kam aus dem Schwärmen über das

Zimmer nicht mehr heraus. Er meinte, er wohne genau gegenüber aber es sehe dort „sehr anders“ aus. Das wollte ich sehen und wir gingen vis-a-vis in die Chunking Mansions. Mein Bekannter, Philip, war schon fast 2 Monate in Südostasien unterwegs und sein Geldbeutel war dementsprechend geschröpft. Da Hongkong im Vergleich zum Rest Südostasiens sehr teuer ist, blieben ihm bei der Wahl der Übernachtungsmöglichkeiten nicht viele Optionen. In den Chunking Mansions kann man ab 150 Hongkong Dollar (etwa 16€) übernachten, aber dafür ist das „Zimmer“ dann genauso groß, wie das Bett, das darin steht (also etwa 0,5 x 1,70 Meter) und hat kein Fenster. Wer den „Luxus“ eines Fensters mit Blick auf die Strasse haben will, muss schon in etwa das Dreifache zahlen, aber er darf sich selbst dann nicht wundern, wenn in der Nacht Ratten durch sein Zimmer laufen. Wenn man durch die Gänge geht, muss man aufpassen, dass einem niemand entgegenkommt, denn zwei Personen nebeneinander haben in den winzigen Schläuchen keinen Platz. Backpacker bleiben manchmal sogar mit ihren Rucksäcken stecken!

Die Atmosphäre der Mansions ist einzigartig, ganze 4000 Menschen aller ethnischer Minderheiten Hongkongs leben zusammengepfercht mit der ständigen schwelenden Angst vor einem Grossbrand, der vermutlich für die meisten Bewohner den sicheren Tod bedeuten würde, obwohl die Sicherheitsauflagen in den letzten Jahren verschärft wurden. Im Erdgeschoss werden einem alle möglichen Dinge angeboten, indische Schneider und Wahrsager buhlen um die Gunst von europäischen und amerikanischen Backpackern. Vor den winzigen Liften bilden sich Menschenschlangen, Monitore vom Inneren der Lifte hängen im Erdgeschoss an der Wand, und vergällen einem die Lust daran, den Lift zu verwenden, vor allem wenn man unter Platzangst leidet. Die Live-Schwarzweißaufnahmen von den Liftfahrern die mit dem Gesicht an die Wand gequetscht werden, sind nicht gerade die beste Werbung für das Senkrechtfahren in den Mansions. Wer jedoch über das Stiegenhaus sein Zimmer erreichen will, läuft

Gefahr sich in kürzester Zeit hoffnungslos zu verirren. Außerdem ändert sich das Warenangebot der fliegenden Händler dann von Kleidung und „Rolex" Uhren zu Drogen, und die Gefahr von der Polizei mit selbigen erwischt zu werden ist sicher noch größer als sie zu konsumieren. Und Frauen sollten wissen, dass in den Stiegenhäusern der Chungking Mansions die höchste Vergewaltigungsrate Hongkongs herrscht. Bei meinem Kurzbesuch folgten wir einmal einer nicht zu enden wollenden getrockneten Blutspur. Sie nahm in einer Ecke ein Ende, wo ein riesiger rotschwarzer Fleck uns vermuten lies, dass sich das Opfer dort zum sterben hingelegt hatte. Sehr viele Bewohner der Mansions sind illegal in Hongkong, Krankenhausbesuche sind also nicht nur aus finanziellen Gründen keine Option...
Doch zum Glück blieb mir das alles erspart, die Geschäfte liefen so gut, dass ich mir das Hotel selbst auf einem teuren Pflaster wie Hongkong hätte aussuchen können.
Das Hotel, das ich bewohnte – das Hyatt Kowloon - war zwar sehr gut, aber noch lange nicht das, was in Hongkong möglich gewesen wäre. „The Sky´s the Limit" ist die Devise was stilvolle Unterbringung in einer Metropole wie dieser bedeutet. Ich fühlte mich großartig, endlich war ich Teil des internationalen Jet Sets; mir standen plötzlich Türen offen, die Normalsterblichen für immer verschlossen bleiben würden, und noch dazu war es endlich eine Möglichkeit von der harten Büroarbeit in Wien eine Auszeit zu haben. Es wäre ein Fehler gewesen, bei der Unterbringung zu sparen, denn Messebesuche in Hongkong sind knochenharte Arbeit.

HONGKONG ELEKTRONIK MESSE

Als ich im Messezentrum der Consumer Electronics Fair ankam, beging ich zwei schwere Fehler. Asien Kenner werden sich nach der Schilderung dieser beiden Faux Pas fragen, wie ich danach überhaupt nur ein Gramm Ware nach Europa importieren konnte (doch es gelang mir trotzdem und ich zahlte auch nicht mehr als all die Platzhirsche). Der erste Fehler war an sich schon

schwerwiegend genug: ich hatte keine Visitenkarten. In Asien (speziell China & Japan) ist das für einen Geschäftsmann so, als hätte er gar keine Identität. In Japan zum Beispiel ist der Umgang mit den Visitenkarten eine eigene Zeremonie, es wird dort noch mehr Theater darum gemacht als im Rest Asiens. Das Problem konnte schnell gelöst werden, mein Hotel druckte mir welche innerhalb einer Stunde, mein Name in chinesischen Schriftzeichen inklusive. Da merkte ich das erste Mal, dass man mit einem guten Hotel immer eine Nasenlänge voraus ist. Für Chinas Festland gilt das noch viel mehr! Der zweite Fehler war allerdings noch schlimmer – ich hatte kurze Hosen an. Sie waren so kurz das man sogar meine Knie sehen konnte, das war vermutlich eine Premiere im Messezentrum! In Hongkong werden kurze Hosen so gut wie gar nicht getragen, aber wenn es ums Geschäft geht, kommt das überhaupt nicht in Frage. Da sieht man das Gesicht und die Hände des Gegenübers, kurzärmlig ist schon unpassend – aber kurze Hosen... völlig undenkbar! Zum Glück merkte ich bald, dass das ein schweres „Vergehen" war, und schon bald tauchte ich wieder im Messezentrum auf, diesmal mit langen Hosen und den frisch gedruckten Visitenkarten.
Die Hongkong Consumer Electronics Fair Spring Edition (im Hongkong Convention and Exhibition Centre, es liegt in Wan Chai Nord, Hongkong Island) gibt es eigentlich seit rund 25 Jahren. Mittlerweile stellen fast 2000 Produzenten dort aus, direkt unter einer der berühmtesten Skylines der Welt. Die Messe findet jedes Jahr Mitte April statt, und ist eine der wichtigsten Messen für uns gewesen. Hier knüpften wir Kontakte für Handelsbeziehungen, die bis zuletzt hielten, und das Business lief gut. Hier fand ich Firmen, die unter meinem eigenen Label produzierten. Ich konnte ihnen genau sagen, wie die Ware verpackt sein soll, wie mein Firmenlogo aussehen soll und wie viel ich wovon brauchte. Das Sortiment war sehr breit gestreut: alles Mögliche an TV, DVD, Heimkino, HiFi Geräten, oder kleine USB Stick MP3 Player - um ein paar damals ganz wichtige Artikel zu nennen. Auto HiFi, Küchengeräte, Klimageräte bis hin zu wirk-

lich exotischen Geräten wie teuren Solaranlagen für das Militär und „unkaputtbare“ Laptops. Der Ausdruck „Shop till you drop“ bekam dort eine neue Bedeutung, ich hätte so gut wie alles kaufen wollen...
Ein typisches Gespräch auf der Messe lief in etwa so ab:

ICH: „May I have a catalogue?“ (Könnte ich einen Katalog haben?)
VERKÄUFERIN: „Nihau ! Yes ! Please can I have your Business Card?“ (Guten Tag! Natürlich! Kann ich eine Visitenkarte haben?)
VERKÄUFERIN: (sieht die Karte an und macht große Augen): „Oh, Karl Marx?“
ICH: „Hmm, eigentlich nicht“ (soviel zu den 1-Stunden-Visitenkarten mit meinem chinesischen Namen)
VERKÄUFERIN: „Odili!“
ICH: „Ja, Odili (Österreich), was kostet dieser Artikel?“
VERKÄUFERIN: „Ohh, schöner neuer Artikel! Schönes Design. Sie mögen?“
ICH: „Vielleicht. Was ist Ihre Preisvorstellung?“
Sie schreibt den Preis pro Stück bei Abnahme eines 40 Fuß Containers voll mit demselben Artikel in den Katalog.
ICH:„Thank you, bye bye.“

Die Preisangaben bei den Ausstellern sind oft eine Farce, sie geben Preise an, die sie dann bei der Bestellung nicht mehr halten können. Aber so funktioniert das in China. Der Begriff Wahrheit hat dort eine andere Bedeutung. In dem Fall wird es vor allem getan, damit der Interessent nicht mehr zur Konkurrenz gelangt, und neue Kontakte knüpft.
Andere Gespräche wiederum waren typisch für China:
ICH: „May I have a Catalogue?“
VERKÄUFERIN: „Nihau ! Yes ! Please can I have your Business Card please?“
„Karl Marx ?“
ICH: „I know I know“

VERKÄUFERIN: „Odili ?“
ICH: „Yes Odili „
VERKÄUFERIN: „How many people in your country?“
ICH: „8 Million“
VERKÄUFERIN: „I mean the country“
ICH: „Yes I know 8 Million“
VERKÄUFERIN: „No, sure you make mistake“
Sie glaubten ich mache einen Witz. Ein Land mitten in Europa mit nur 8 Millionen Einwohnern war für sie nicht vorstellbar.

HEDONISTIC TREADMILL

Aber nicht nur geschäftlich lief es in Asien gut. Der Spaßfaktor kam trotz der echt anstrengenden Messbesuche nicht zu kurz. Einmal wurde ich auf die offizielle 150 Jahres Feier von Louis Vuitton eingeladen. Die Nobelmarke Louis Vuitton, welche zum Luxusgüter Giganten LVMH gehört, hat ihren besten Absatz in Asien (angeblich werden bis zu 50% des Umsatzes in Japan erwirtschaftet), daher war es nicht verwunderlich, dass der Mega-Event in Hongkong stattfand.

Als Eintrittskarte bekam ich ein kunstvoll hergestelltes Lederarmband mit einer „150th Anniversary“ Gravur. Als ich den roten Teppich entlang Richtung Eingang ging, musste ich durch ein kleines Blitzlichtgewitter gehen, auch wenn mich niemand kennen konnte, wollten die Journalisten scheinbar auf Nummer sicher gehen – für den Fall, dass ich doch eine Berühmtheit sein könnte.

Die Party selber war bis ins letzte Detail perfekt organisiert: Champagner, Cocktails, Wodka – alles auf Kosten vom Gastgeber – endlich bekamen die besten Kunden mal etwas zurück! Der DJ stand auf einem Podest welches die Form des Eiffelturms hatte – gebaut aus Louis Vuitton Koffern und Taschen. Die eigentliche Attraktion aber waren wohl die weiblichen Besucher: Eine derart hohe Dichte an internationalen Top Modells bekommt man wohl selten zu sehen, man wusste gar nicht wo man seinen Kopf hinverdrehen sollte. Da alle Frauen selbstverständlich hohe Absätze trugen, und nicht wenige der japanischen, männlichen Besucher sich aus Gründen der Bequemlichkeit die Schuhe auszogen, war dies wohl die einzige Party meines Lebens, wo die Frauen im Durchschnitt größer waren als die Männer. Da aber jede zweite Frau ein Top Modell war, wäre das vermutlich auch so geblieben, wenn sie ihre hochhackigen Schuhe ausgezogen hätten... Überhaupt feiern die Chinesen viel und gerne, vor allem in Shanghai und Beijing öffnen fast täglich neue Klubs und Restaurants der Spitzenklasse. An einem etwas ruhigeren Abend in einem Shanghaier Club meinte mal ein Amerikaner zu mir in einem Gespräch über die Partys und Clubs in China und dem Rest der Welt, es sei eine Art „hedonistic treadmill" (Hedonistische Tretmühle), was ich sehr treffend und amüsant fand.

KANTON

In Hongkong konnte man schon sehr billig Waren einkaufen. Richtig interessant wurde es aber, wenn man die „Sonderverwaltungszone der Volksrepublik China" (offizielle Bezeichnung Hongkongs) Richtung Norden verließ und nach Shenzen (17 Kilometer entfernt), oder weiter nach Gouangzhou (130 Kilometer entfernt) fuhr. Der Zug von Hongkong nach Kanton (es wird in ganz Asien „Guangzhou" genannt) war immer völlig überbucht, man konnte entweder bereits von Europa aus ein Ticket erwerben, oder aber am Schwarzmarkt am Bahnhof eines kaufen. Ich hatte den Eindruck alle Händler der Welt fahren gleichzeitig nach Kanton. Am Bahnhof von Hongkong gab es eine regelrechte Börse für die attraktiven Tickets in der Früh und am Abend nach Gouangzhou und sehr oft mussten wir leider Züge mitten am Tag nehmen und haben den Tag dann als Arbeitstag verloren.
Nach dem Aussteigen aus dem Zug schlägt einem sofort der typisch chinesische Geruch entgegen: feucht, schmutzig, giftig. Viele Leute auf der Strasse tragen „Gasmasken", der Smog ist fast unerträglich, alle Strassen sind permanent verstopft. Kein

einziger Taxifahrer versteht auch nur ein Wort Englisch, ohne Zettel mit dem Namen des Hotels ist man verloren.
Ich habe im White Swan Hotel eingecheckt, das Zimmer kostete mich 400 $, mehr als der durchschnittliche Monatslohn eines chinesischen Angestellten. Das Hotel ist pompös im Stil der 70er Jahre erbaut. Bush Senior, Ronald Reagan, Maggy Thatcher, Richard Nixon waren auch schon hier. Was Sie hier gemacht haben wurde im Hotel Guide nicht erwähnt, sicher keine Frischluftkur.
Den ersten Abend verbrachte ich mit einem befreundeten indischen Geschäftsmann aus Hongkong, der seine wichtigsten Kunden eingeladen hatte: ein polnischer Importeur, ein Deutscher aus Kasachstan, ein Schweizer Metallhändler, ein rumänischer Industrieller. Das Gespräch drehte sich wieder mal um Miles, Geld und Sex. Anschließend gingen wir in einen Club, bereits vor dem Club wimmelte es nur so von Luxuslimousinen, Hummers, Ferraris, Maseratis, Bentleys, dazwischen allerdings noch viel mehr bettelnde Krüppel, Frauen und Kinder, die sich an unsere Beine klemmten bis wir genug gespendet hatten. Der Eintritt in den Club wurde gleich zweimal kassiert, einmal für den Klubbesitzer, einmal für das Militär. Dafür stand aber auch in jeder Ecke ein Soldat stramm neben den Tanzenden und passte auf. Der Club war riesig und die Lautstärke war selbst für einen erprobten Nachtschwärmer wie mich absolut unerträglich. Ich schaffte es nicht, einen einzigen Drink zu bestellen. Auch eine Kontaktaufnahme mit irgend jemandem rundherum war bei diesem Lärmpegel ausgeschlossen, und ich fuhr zurück ins Hotel.

MESSE IM PANZHOU KOMPLEX

Die 94. Session der Canton Fair befand sich im Panzhou Komplex, von meinem Hotel konnte man die Messe mit einem kleinen Boot erreichen. Das Wasser ist tiefschwarz, ich vermute das Schwimmen darin ist lebensgefährlich. Der Panzhou

Komplex ist enorm, es gibt zwei Ebenen plus Garage, ca. 20.000 Aussteller sind pro Messephase da (es gibt zwei Phasen). Ich konnte nicht glauben, wie viele Artikel es hier gibt, während man in Hongkong nur Braun- und Weißware findet, gibt es hier Werkzeuge, Fahrräder, Motorräder, Autos. Gabelstapler, Maschinen, Produktionsmaschinen, Reifen, Chemikalien, Duschen, Beschläge, Autos, Unterhaltungselektronik, Weißware und und und.... Einfach alles, teilweise gab es ganze Hallen, wo ich einfach nicht verstand, was dort genau verkauft wurde. Seltene Erden, Chemikalien, Dienstleistungen für die Industrie, einfach alles. Ich kam zu der Erkenntnis: China ist die Fabrik der ganzen Welt. Ich hatte bei meinem ersten Besuch nur einen einzigen Tag Zeit; ich bin gelaufen wie ein Tri-Athlet aber ich habe es geschafft. Über 100 KG Prospekte habe ich eingesammelt ich habe jeden Stand der Messe gesehen.

In den folgenden Jahren war die Kanton Fair für uns die wichtigste Messe. Die meisten Artikeln der qentis haben wir hier gesourced. Vor allem bei Werkzeugen und Maschinen war es möglich, eine breite Palette sehr schnell im Sortiment zu haben und sich in Design und Leistung abzugrenzen, da z.B. ein Produzent von Bohrmaschinen durchaus schon mal 60 verschiedene Formen mit je 20 verschiedenen Leistungsmerkmalen angeboten hat.

Auf der Canton Fair gelten an sich die gleichen Regeln, wie in Hongkong. Da die Produkte hier aber doch schon komplexer sind, ist es vorteilhaft, sehr genau zu recherchieren, wenn nicht auf der Messe, dann zumindest nachher, wenn es um die Bestellung geht.

Es gibt eine Unzahl weiterer Messen in China, die Musikmesse und Sportmesse in Shanghai, die Elektronikmesse in Shanghai, die Worldcom in Taiwan etc. Aber man sollte vorsichtig sein, so manche Großveranstaltung entpuppt sich als rein lokale Miniausstellung für das Publikum. Solche Reinfälle können sehr teuer werden.

DIE MARKEN DER QENTIS

Um die jeweiligen Artikel auf eBay nun auch optimal zu vermarkten, haben wir verschiedene Marken geschaffen bzw. andere Marken in Lizenz verwendet (mehr dazu weiter unten). Die Artikel wurden je nach Beschaffenheit, Preis und Qualität den verschiedenen qentis-Marken zugeordnet. Für jede Marke wurde natürlich eine eigene Website entworfen, die Marken wurden registriert und geschützt:

EIGENMARKEN

DOTERA

qentis hat ab Sommer 2004 verschiedene Motorräder, Mopeds und Strandbuggys sowie ATV´s mit der Marke Dotera importiert, insgesamt über 1000 Fahrzeuge pro Saison wurden über eBay an den/die Mann/Frau gebracht. Der Import und Verkauf von Fahrzeugen ist sicherlich einer der mühsamsten Zweige, denen sich die qentis gewidmet hat. Die Inspektion vor Ort musste sehr genau erfolgen, der Transport zum Kunden erforderte bereits umfangreichste und aufwendigste Vorbereitungen. Es ist durchaus nicht trivial, ein Moped unbeschädigt von Wien bis nach England zu transportieren. Aber vor allem die Anmeldung von Fahrzeugen in verschiedenen europäischen Ländern war ein Chaos; in Italien z.B. konnte es passieren, dass in ein und demselben Amt ein Fahrzeug der gleichen Type angemeldet werden konnte, ein zweites dann aber nicht. Es entstand ein rege und aufwendige Kommunikation mit Verkehrsämtern, Kunden, Verkehrsministerien und Anwälten. Teilweise mussten die Fahrzeuge sogar vom Kunden zurückgeholt werden, weil eine Anmeldung unmöglich war. Natürlich war auch die Abwicklung von Garantiefällen in Ferndiagnose mehr als schwierig, die hohen Margen wurden bald vom Aufwand aufgefressen. Der Gipfel der qentis Fahrzeugkrise war ein Dekret des französischen Finanzministeriums, welches besagt, dass ein Fahrzeug nur dann angemeldet werden kann, wenn die vom Kunden bezahlt Umsatzsteuer auch tatsächlich bereits beim französischen Finanzamt eingelangt war. Dies war aber fast unmöglich zu bewerkstelligen, da die qentis aus der Natur des Geschäfts, dem täglichen Verkauf von Waren, permanent Umsatzsteuerverbindlichkeiten hatte und dieser Nachweis daher nicht erbracht werden konnte. Irgendwann gab es dann fast 150 französische Kunden, die deshalb ihre Fahrzeuge nicht anmelden konnten. Nach mehreren Besuchen im französischen Finanzministerium konnte dann folgender Verhandlungserfolg erzielt werden: ich übergab dem Ministerium einen Scheck über 100.000 € um den aktuellen Saldo sofort zu begleichen, und ab diesem Zeitpunkt hatten wir einen Sonderstatus in Frankreich und konnten Fahrzeuge ohne Umsatzsteuer nach Frankreich verkaufen, die Umsatzsteuer bezahlte der Kunde dann erst bei der Anmeldung des Fahrzeugs am Verkehrsamt.

JUNWEL

Junwel war unsere Marke für den Haushaltsbereich. Es gab Eismaschinen, Kühlschränke, Möbel, Lampen, Massagesessel, Luftbefeuchter uvm. Junwel war eine der erfolgreichsten Marken der qentis, gerade bei solchen Artikeln war die Preisbildung sehr vom Geschmack des Publikum abhängig und hier hatten wir offenbar ein gutes Händchen für die Designs.

SPL AUDIO

Unter SPL Audio produzierten wir alle Artikel, welche mit Hifi, TV und Elektronik in Zusammenhang standen, dazu gehörten, Auto-Hifi-Verstärker, Lautsprecher, Röhrenverstärker, Subwoofer, LCD-TV´s usw. SPL war ein guter Umsatzdreher, Artikel z.B. Autoradios konnten in einem sehr flotten Tempo abverkauft werden, manchmal bis 100 Stück am Tag. Aber auch LCD TV´s hatten enormen Umsatz, die Spannen waren naturgemäß klein, dafür waren auch die Probleme mit Garantie eher selten. Für die Designs der neuesten Serie von DJ-Mixern und Autohifi hatten wir internationale Pin-Ups gebucht, leider konnte das Projekt nicht mehr realisiert werden, aber die Fotos finden sie hier.

VISP

Unsere Sportmarke VISP war ebenfalls sehr erfolgreich. Fitnessgeräte, Fahrräder und viele andere Sportartikel wurden unter VISP produziert. Auch hier war das Design entscheidend und preisbestimmend; manchmal konnte ein kleines Detail an einem Rad, welches oft nur ein paar Dollar kostete einen Unterschied von 50 € oder mehr im Verkauf ausmachen. In guten Zeiten setzten wir bis zu 100 Sportartikel wie z.B. Fahrräder am Tag um.

QENTIS MED

Ein kleinerer aber durchaus interessantes Markt war der medizinische Bereich. Dazu zählten anatomische Skelette und Torsen, OP-Lampen, Zahnarztsessel und Autoklaven, viele andere Artikel waren geplant aber dazu kam es leider nicht mehr. Ein spezielles Segment, aus dem wir zu meiner großen Verwunderung und Verärgerung aussteigen mussten, waren Rollstühle. Wir hatten ca. 300 Rollstühle importiert, und zwar Sportrollstühle, also solche, die die Krankenkassen nicht freiwillig bezahlen und daher als Luxusgut für Rollstuhlfahrer zu sehen sind. Der Einkaufspreis liegt bei ca. 100 US$, wir haben diese um ca. 200 bis 300 € verkauft, leider wurden wir aufgrund der rigiden Bestimmungen des medizinischen Hilfsmittel Gesetzes gezwungen, diese Artikel wieder vom Markt zu nehmen. Behinderte müssen daher weiterhin zwischen 700 und 1200 € für die gleichen Artikel zahlen.

QENTIS FOTO

Eine der ersten Marken der qentis war die Fotomarke, als Ergänzungsartikel zu den Fotosets haben wir begonnen Stative, Taschen, Linsen, Filter und Kamerakräne zu importieren.

LIZENZMARKEN

Das Geschäft mit Lizenzmarken boomt schon seit Jahren und immer neue Marken öffnen sich nun für den Markt. Waren es früher insbesondere Comics, Filmhelden oder Sportler, die ihre Marke bzw. ihren Namen für die Vermarktung verkauft haben, gibt es mittlerweile kaum noch eine bekannte Marke, die nicht in der einen oder anderen Form ihre Marke verlizenziert (mehr dazu in weiterer Folge).

HYUNDAI

Unsere wichtigste und umsatzstärkste Lizenzmarke war Hyundai. Im Laufe der Zeit haben wir über 200 Produkte unter der Lizenzmarke von Hyundai herstellen lassen. Die Strategie war einfach. Hyundai war in den Lizenzmarkt erst über LCD TV´s und Hifi Artikel eingestiegen, aber wir haben sofort angefragt, ob nicht auch Werkzeuge machbar wären, weil Hyundai als Marke ja wesentlich näher an Maschinen liegt, als bei Elektronik (Hyundai ist ja auch eine der größten Werften der Welt, produziert Stromkraftwerke und viele andere Industrieanlagen und Güter). Wir haben also mit einfachen Bohrern und Sägen begonnen und uns dann zu immer größeren Geräten und Maschinen bis hin zu Gabelstaplern hinaufgearbeitet. Der Effekt der Marke war teilweise unglaublich, wir haben z.B. schon sehr früh Schmutzwasserpumpen aus China importiert; anfangs unter dem Namen qentis, dafür haben wir auf eBay ca., 150 bis 200 € bekommen. Nachdem wir den Hyundai Vertrag hatten, haben wir genau die gleichen Pumpen unter der Marke Hyundai produziert, dafür haben wir dann zwischen 300 und 400 € erzielt. Ähnlich war der Effekt bei nahezu allen Produkten, die wir unter Hyundai produziert haben.

STAR WARS

Im September 2005 haben wir mit Lucas Entertainment einen Lizenzvertrag abgeschlossen, um Möbel mit Bildern aus den Star Wars Filmen zu versehen. Im Gegensatz zu Hyundai, die bei der Auswahl der Artikel und der Gestaltung fast nie eingegriffen haben, war bei Lucas Entertainment jedes Detail von Bedeutung, jede Pose jedes Helden wurde besprochen, viele unserer Vorschläge abgelehnt weil die Dunkle Seite zu viel Bedeutung hätte usw. Der Entwicklungsprozess war anstrengend aber interessant und nahezu abgeschlossen. Leider kam es nie zur praktischen Umsetzung, da die qentis vorher bereits Pleite war. Die Idee war es, chinesische traditionelle Möbel, vor allem so genannte Hochzeitsschränke im Star Wars Stil zu gestalten. Dabei wären spezielle Beschläge produziert und die Möbel von Malern in China von Hand bemalt worden. Zielgruppe für diese Artikel wären die nunmehr doch schon etwas älter gewordenen Star Wars Fans gewesen, die, so meinten wir, durchaus schon mal 500 bis 1000€ für ein solches in limitierten Auflagen produziertes Teil ausgegeben hätten. Der Vorteil dieser Artikel lag unter anderem darin, dass der Suchbegriff „Star Wars" zu den meistgesuchten auf eBay und am Netz überhaupt gehörten, was automatisch zu hohen Zugriffen auf die Artikel geführt hätte. Insbesondere dann, wenn man die Artikel etwa nach dem Preis ordnet, da die Schränke sicherlich die teuersten Artikel aus dem Star Wars Merchandising Universum dargestellt hätten. Weiterer Vorteil wäre natürlich die Einzigartigkeit dieser Artikel gewesen, welche uns den Preiskampf erspart hätten. Ein ausgeklügeltes Konstruktions- und Verpackungskonzept hätte es außerdem ermöglicht, alle Artikel mit Courier zu versenden, da die Pakete von Gurtmaß und Gewicht deren Normen entsprochen hätten.

1001

Ein weiterer neuerer Ansatz, den wir bei der qentis verfolgt haben, war es Kunst über eBay zu verkaufen. Das Projekt 1001 entwickelte ich gemeinsam mit einer Gruppe von Malern in Xiamen, einer für chinesische Verhältnisse sehr schönen Stadt auf einer Halbinsel nahe bei Taiwan, zwischen Hongkong und Shanghai. 1001 sind Ölgemälde (ich bleibe in der Gegenwart, da das Projekt noch existiert) deren Motive ich selbst ausgesucht habe. Sie stammen alle aus diversen aktuellen internationalen Magazinen oder Zeitungen und sind zumeist kleinere Ausschnitte, die sowohl Bilder, Grafik als auch Text beinhalten. Die Zeitungsschnipsel werden nach China gesendet und anschließend dort in den von mir bestimmten Formaten auf Leinwand gemalt - jedes Motiv wird nur einmal gemalt. Allerdings war es nicht einfach Gemälde via eBay zu verkaufen, obgleich die Motive im Original wunderbar aussehen, kann das online nur sehr schwer vermittelt werden; dementsprechend schwierig war es, die Gemälde zu verkaufen. Eine Auktion hätte hier nichts gebracht, da die Menge der Interessenten sehr klein war. Alle ca. 150 Gemälde immer wieder zu listen war auch schwierig, da die Einstellgebühren doch sehr hoch waren. Wir haben später eine Galerie eröffnet, dort verkauften sich die Gemälde wesentlich besser. Nach dem Konkurs hat jemand alle Gemälde aus dem Konkurs gekauft und betreibt das Projekt nun sehr erfolgreich weiter, wobei ich weiterhin die Auswahl der Bilder übernehme. Mittlerweile gibt es Galerien in Wien, Amsterdam und Dubai in denen die Bilder ausgestellt sind (www.kroupa-art.at).

CHINESISCHE PARTNER

Nach doch drei Jahren, in denen ich sehr viel Zeit in China verbracht habe, bin ich zum Schluss gekommen, der Erfolg Chinas hat keinesfalls nur mit den guten Preisen für Produkte zu tun. Viele Produkte sind in anderen Ländern billiger, die Türkei, Rumänien, Polen, die Ukraine und Südafrika sind einige der Länder, aus denen wir auch Ware bezogen haben. Aber die Flexibilität, die Geschwindigkeit und die Geschäftstüchtigkeit der Chinesen ist einfach unerreicht. In China ist wirklich alles möglich, chinesische Unternehmer sind für jede noch so ausgefallene Idee zu begeistern und in der Lage, sie auch durchzuziehen. Jede technische Verbesserung, jedes originelle Design und jede gute Idee für Produkte ist willkommen. Man sollte chinesische Produzenten nicht nur als reine OEM-Fabriken sehen, sondern seine Kreativität nutzen um gegenüber den Mitbewerbern voraus zu bleiben. Ein weiterer Vorteil am chinesischen Standort ist aber auch, dass üblicherweise in jedem industriellen Sektor ganze Cluster von Fabriken zusammengefasst werden. Neben unserem Fahrradproduzenten z.B. war die Lackiererei, unweit davon ein Aluminiumwerk, ein Reifenproduzent, ein Shimano Lager usw. Jede Ware und jedes Rohmaterial konnte noch am gleichen Tag aufgetrieben werden. Manchmal, wenn wir uns neue Modelle ausgedacht hatten, war bereits am nächsten Tag ein fertiges Muster vorhanden. Das ist in Europa unvorstellbar. Dazu kommt auch eine sehr persönliche Verbundenheit und Vertrauen im Geschäft. Wir haben immer wieder Bestellungen gemacht, ohne jede Anzahlung zu leisten (natürlich bei laufenden Geschäftsverbindungen) manchmal bis zu 500.000 US$, und die Ware wurde produziert. Auch die Kulanz war, zumindest was meine Erfahrung anbelangt, immer wieder erstklassig. Durch einen Kommunikationsfehler unsererseits wurden 350 Kompressoren statt in Grau in Blau lackiert, erst als ein Bild aus der Produktion zu uns kam, erkannten wir den Fehler. Wir entschuldigten uns vielmals für den Fehler, mussten die Fabrik aber bitten, die Kompressoren umzulackieren. Die Fabrik hat dies ohne Mehrkosten innerhalb von 3 Tagen erledigt. Das hat mich damals echt erstaunt.

NEUE PARTNER - DIE FINANCIERS UND LIEFERANTEN

Im Jahr 2003 haben wir 3,5 Mio. € Umsatz gemacht, wir hatten einen Gewinn von 300.000 €, das Geschäft lief wunderbar, die Banken liebten unser Business-Modell, wir bekamen mehr Kredit. Allerdings konnten wir den Kredit kaum verwenden, um in China einzukaufen. Wir mussten zumeist bereits fällige Rechnungen begleichen, da die Zahlungsziele der Lieferanten für uns beim besten Willen nicht zu schaffen waren. Die Liquidität blieb angespannt, denn gleichzeitig wurde der Umsatz erhöht, das Lager aufgebaut und es mussten Investitionen getätigt wurden. Wir waren permanent am Bauen und Werken. Das Lager musste umgebaut, neue Arbeitsplätze eingerichtet, Webseiten gebaut und Designs bezahlt werden. Es wurde permanent expandiert und investiert.

Mir war nunmehr klar, in welche Richtung wir weiterarbeiten mussten. „Producer to Consumer (P2C)" hieß das Schlagwort. Wir wollten einen Weg finden, die Produkte direkt vom Produzenten, mit nur einem Zwischenstopp (bei uns), zum Endkunden (den eBay-Käufer) zu bringen. Das würde geringste Kosten und damit die beste Marge garantieren. Wir verkauften mittlerweile in vier Hauptabsatzmärkten, UK, Deutschland, Frankreich und Italien, dadurch konnten wir es schaffen, eine 40 Fuß Containerladung in einem Zeitraum von zwei bis drei Monaten zu verkaufen - aber es fehlte an Geld zur Zwischenfinanzierung. Der Zeitraum von der Bestellung einer Ware über die Produktion, Verschiffung, Verzollung bis zum endgültigen Verkauf war ein Prozess von sechs bis neuen Monaten. Wir mussten also Financiers finden. Die Zeit der Zwischenhändler war gekommen.

SHRI

Unser wichtigster Partner war Shri, ein indischer Händler, der in Wien lebt und einer der größten Player im Elektronik-Großhandel in Europa ist. Shri ist ein kleinerer Mann mit einem großen Bauch, einer knolligen Nase, kein großer Redner aber man merkt sofort, dass man es mit einem klugen und schlauen Typ zu tun hat, der sein Geschäft versteht. Er machte einen sehr ruhigen und sympathischen Eindruck auf mich. Lediglich auf sein English musste ich mich sehr stark konzentrieren. Bei den ersten 3 Meetings habe ich kaum ein Wort verstanden, das war vielleicht der Anfang eines Problems. Das gesamte Büro in der Wiener Innenstadt sah aus wie ein Büro in Hongkong, ausschließlich Inder arbeiteten dort und es wurde nur englisch gesprochen. Ich erklärte ihm, wie unser Geschäft funktionierte und auch genau, wo das Problem lag. Sein Angebot war verlokkend: er konnte jede Ware für uns containerweise besorgen und finanzieren, er wollte 15% pro deal verdienen und 30 Tage nach Ankunft der Ware sein Geld haben. Mir war damit klar, dass er selbst auch nicht mit seinem eigenen Geld arbeitete, weil mir bekannt war, dass Banken in Hongkong üblicherweise ein Zahlungsziel von 60 Tagen nach Ankunft der Ware am Hafen machten.

Ich dachte, das Angebot sei gut, aber 30 Tage sind fast nicht zu machen. Ich habe das Angebot angenommen und mir vorbehalten, wenn die Sache mal läuft das Zahlungsziel um ca. 15 Tage zu erweitern.

Wir hatten von Beginn an einen Rahmen von 1 Mio. US$, um zu bestellen, und schöpften ihn sofort voll aus.

Wie die meisten in Wien ansässigen Importunternehmen hat auch Shri sein Geld in den Zeiten des Ostbooms gemacht. Gegen Cash versteigerte er damals Anfang der 90er Jahre Bill of Ladings für Lieferungen diverser Unterhaltungselektronik in seinem Hotelzimmer. Die Margen in diesen Zeiten waren riesig. Die Ware wurde aus Hongkong nach Wien verschifft, in Wien wurde sie von diversen Osthändlern gekauft und dann über unbekannte Wege nach Russland gebracht. Irgendwann flaute dieses

Geschäft aber ab und die vielen Osthändler haben sich neue Felder im Import, vor allem in Westeuropa gesucht, und den etablierten Marken mit Billigprodukten Konkurrenz gemacht.

DAVID JACKSON

Mein erstes Treffen mit David Jackson (den Namen hat er sich selbst ausgedacht) sollte in einer Pizzeria in Wien stattfinden. Jackson war nur kurz in Wien, der Kontakt wurde durch einen gemeinsamen Freund hergestellt. Er hatte gehört, ich brauche Warenfinanzierung. Ich wurde für 12h00 in das Lokal bestellt und war pünktlich da. Man wollte mich nicht einlassen, die Pizzeria, so der kleine etwas untersetze Besitzer, bediene nur spezielle Gäste, es täte ihm leid. Als ich den Namen Jackson erwähnte, wurden die Augen des kleinen Mannes fast feucht, sofort wurde ich in die Familie des Lokalbesitzers, der diese Pizzeria in der dritten Generation führt, aufgenommen. Ein Gratisdrink und ein Entrèe aufs Haus für einen Freund von Mr. Jackson! Jackson kam gegen 13h00, zu diesem Zeitpunkt musste ich mit dem Besitzer der Pizzeria bereits 3 Grappa und ca. 5 Espresso trinken und war nahe an einem Herzinfarkt. Jackson war ein gut aussehender etwas übergewichtiger Typ, rote Haare, rosa Hemd, bunte Designer-Krawatte, georgischer Akzent, Kettenraucher. Er kam mit seinem CFO, einem Softwareexperten aus Israel. Die beiden schienen mir nicht sehr kompatibel, während Jackson nur sehr kurze Sätze recht schnell aussprach und alles sehr einfach und klar formulierte, konnte ich dem israelischen CFO kaum folgen. Seine Sätze dauerten oft mehrere Minuten lang und sein Vokabular so kompliziert, dass ich nur jedes zweite Wort verstand. Einfache Sachverhalte wurden zu einer Wissenschaft erhoben. Er war vor diesem Job Geschäftsführer in einem israelischen Softwarekonzern und dort vor allem mit Markenrechten und überhaupt den rechtlichen Aspekten in der Entwicklung von Software befasst, und so ging er nun auch an die doch etwas profaneren Aspekte des Handelsgeschäfts heran.

Jackson meinte, man hätte ihm gesagt, der online Handel und insbesondere eBay sei die Zukunft. Es gäbe kein Limit für uns, 10 Mio., 20 Mio., 30 Mio. US$, er hat Lager in Hannover, Krakau und Dover, Unternehmen in der ganzen Welt, Banken und Finanzierungen wären kein Problem. Er wollte das Business mit mir auf ein „next Level" bringen. Er wollte 15% pro deal, 60 Tage Zahlungsziel, keinen Tag mehr sonst gäbe es Probleme. Ok keine Probleme, aber ich brauchte zumindest 90 Tage. Wir haben vorerst um 1 Mio. US$ bestellt. Die Details musste ich leider mit seinem CFO klären.

LEAVIT

Leavit ist ein Unternehmen auf den Britischen Channel Islands, ein so genanntes Offshore Business, das auf Finanzierungen spezialisiert ist. Lennox G. habe ich über einen alten Freund aus den USA kennen gelernt. Lennox lebt in Monaco und ist an allen Geschäften interessiert, bei denen er profitabel Geld verleihen kann (er selbst nennt sich übrigens spasshalber Max Maserati), die qentis schien da interessant zu sein. Aber die Erstellung wasserdichter Verträge mit einem Offshore Partner und seinem Wiener counterpart stellte sich als sehr aufwendiges Unterfangen dar. Das Pfandrecht auf die Waren musste perfekt ausgestaltet werden, es war stets unklar, wer eigentlich wirklich die Financiers waren, die hinter der überaus verschachtelten Leavit-Konstruktion standen. Mal waren es russische Geschäftsleute, mal ein Fund in den USA, dann wieder Familienvermögen. Vier Anwälte, ein Jahr Arbeit und insgesamt siebzehn Verträge und Nebenverträge waren notwendig, um das Geschäft ins Rollen zu bringen. Mein Partner Davies hat mich x-mal gebeten, die Sache endlich abzubrechen, er meinte der Aufwand sei völlig absurd, das ständige Überlegen, wie man auch die kleinsten Kleinigkeiten formalisieren könnte, das ständige Überarbeiten aller Verträge waren echter Denksport.
Auch hier waren in der Regel 15% pro deal zu bezahlen, die Ware lagerte bei einer Spedition, wo sie jedes Mal mittels eines

eigenen Fax-Formulars via Monaco anzufordern war, das Zahlungsziel war 90 Tage aber wie bei allen waren die Rumdherum-Kosten wieder enorm und knabberten an der Handelsspanne.
Die Verhandlung über alle Verträge fanden stets in Wien statt und Lennox reiste mit großer Freude immer wieder nach Wien. Oft waren die Verhandlung geradezu skurril, da wurde doch tatsächlich darüber verhandelt, nach welcher Ortszeit sich die Vertragspartner halten müssen. Es wurde auch darüber verhandelt, welche Kommunikationswege zu benutzen wären. Unzählige Formulare wurden entworfen, kurz, eine an sich sehr simple Sache wurde möglichst kompliziert gestaltet. Etwas später habe ich erfahren, dass das Ausformulieren der Verträge letztendlich 70.000 € gekostet hatte und dazwischen sogar die Kanzlei gewechselt wurde, weil die erste übersehen hatte, dass, sollte die ein Container über Board gehen oder gestohlen werden, die Versicherungssumme an die qentis ausgezahlt worden wäre und nicht an die Leavit direkt.
An jedem Abend nach einer Besprechung sagte Lennox G. alias Max Maserati zu mir: „das müssen wir feiern!“, oft feierten wir zwar nur neue Beistriche im Vertrag, aber sein Drang das alles immer wieder zu feiern, war nicht zu bremsen. Er residierte üblicherweise im Hotel Imperial oder im Schwarzenberg. Von dort ging es in skurrile und interessante Restaurants, nicht Luxus sondern wirklich ausgefallene Plätze, die selbst ich als leidenschaftlicher Essensgeher nicht kannte. Er bat mich jedes Mal so viele Freunde von mir mitzubringen, wie nur möglich, sodass wir oft in einer Runde von 20 oder mehr Personen umherzogen. Er selbst erschien dann in überaus extravaganten Kleidungsstücken, in Zebrasakkos, langen Ledermänteln, knallroten Anzügen, kurz, er war sehr exzentrisch und in der Lage in verschiedenen Sprachen die gesamte Gesellschaft bis in den Morgen zu unterhalten. Dazu gehörten Geschichten über viele seiner Freunde, von Tony Blair über die Beasty Boys bis hin zum König des Bhutan, den er jedes Jahr in seinem Königreich besuchte.

Als wir die Verträge unterschrieben hatten, waren diese bereits so kompliziert, dass kaum jemand mehr durchblickte. Selbst unsere Versicherung und unsere Spedition mussten eigene Verträge mit der Leavit unterzeichnen. Verschiedenste Formulare waren für alle Bestellungen immer wieder auszufüllen. Die Abwicklung dieser Aufträge nahm fast eine volle Arbeitskraft in Anspruch, ein Problem, das überhaupt hinter vielen der verschiedenen Finanzierungen lugte.
Interessanterweise erging es trotz aller Verträge gerade der Leavit nach dem Konkurs am schlechtesten, fast das gesamte Kapital war verloren. Die Verträge waren zwar gut, haben aber dazu geführt, dass man sich wohl zu sehr auf die umfangreichen Verträge verließ und auf keiner der beiden Seiten mehr über die einzelnen Geschäfte selbst nachgedacht wurde. Bei anderen Unternehmen gab es teilweise gar keinen Vertrag, dafür wurden aber alle Geschäftsvorgänge immer wieder kurz besprochen und adaptiert, was wohl die bessere Strategie war.

Die Liste der Financiers ist lange, immer neue Unternehmen wollten uns beliefern, 2004/2005 waren über 10 Mio. US$ Waren im Anrollen. Fast täglich kamen Container an und wurden ausgeladen. Das Spektrum reichte von Gartengeräten, über Motorrädern zu Fahrrädern, Geschirrspülern, Kompressoren, Werkzeugen, Klimaanlagen, Operationslampen, Skeletten, Massagesesseln bis hin zu Feng Shui Zimmerbrunnen. Auslöser der Bestellung war stets die zu erwartende Marge, die Transportfähigkeit, die Wertdichte und Qualität der Ware. Rund zehn verschiedene Zwischenhändler versorgten die qentis mittlerweile mit Waren, teilweise waren die Waren mit Eigentumsvorbehalt bei uns eingelagert, teilweise waren sie in Pfandlagern untergebracht; jeder Zwischenhändler hat einen anderen Status und eine eigene Vorgangsweise. Einige waren österreichische Unternehmen, andere in Deutschland registriert, andere wieder in Hongkong oder offshore. Zur Finanzierung mussten entweder formlos Proforma Invoices der Produzenten vorgelegt oder aber komplizierte Formulare ausgefüllt, manchmal auch Meetings abgehalten werden. Das Prinzip war aber immer ähnlich: die Ware stand für uns bereit, die Bezahlung erfolgte Zug um Zug. Das System hatte aber einige Haken: erstens war das Zahlungsziel zu knapp bemessen. Locker gesehen verärgerte es die Lieferanten, wenn sie länger warten mussten, aber streng genommen konnte jede verspätete Zahlung theoretisch einen Konkursantrag auslösen. Insbesondere aber machte die verspätete Zahlung Verhandlungen über Nachlässe, bessere Preise, etc. schwierig bis unmöglich. Das Zahlungsziel war auch deswegen zu kurz, weil es nicht ganz klar war, wann die Ware nun als angekommen galt: wenn sie im Hafen war, das Schiff gelöscht war, der Container am Zug nach Wien, oder am Containerterminal, wenn der Container verzollt war, im Lager war oder entladen wurde? Der Unterschied konnte leicht bis zu zwanzig Tagen und mehr bedeuten. Aber selbst dann war der Artikel natürlich noch lange nicht verkauft. Das Exemplar musste fotografiert, das Foto bearbeitet, eine eBay-Auktion gebaut und eingestell werden. Manuals und Auktionen mussten in alle Sprachen unserer Lieferländer übersetzt werden. Erst dann lief die erste Auktion an und dann mussten Mengen, wie, sagen wir mal 280 paar Boxen oder 450 Eismaschinen oder 400 BMX Räder oder 2000 Autoradios erst mal verkauft werden und das dauerte auch seine Zeit. Was sonst noch passieren konnte war z.B., dass Zahlungen durch den Zwischenhändler verzögert werden konnten. In einem Fall erwarteten wir, genau rechtzeitig für das Weihnachtsgeschäft 2004, 15 Container Autohifi Artikel, alles Artikel die wir bereits im Programm und im laufenden Verkauf hatten. Da wir wussten, dass die Container bereits in Wien waren, haben wir diese Artikel weiter eingestellt, um die Verkaufskontinuität zu wahren. Die Zahlung der zweiten Rate durch unseren Financier wurde aber laufend verzögert, und erst nach 37 Tagen wurde schließlich bezahlt. Das Resultat waren ein Riesen-Backlog, viel Streit mit Kunden, PayPal claims, Negative Bewertungen und ein weitgehend versäumtes Weihnachtsgeschäft in diesem Marktsegment.

Tatsache ist, dass das System der Zwischenhändler der Anfang vom Ende war. Vereinbart waren im Prinzip mit den meisten eine Marge von etwa 10% (selten) bis zu 15% pro deal und ein Zahlungsziel von 30 bis 90 Tagen. Aber über folgende Punkte sind wir gestolpert:
15% auf durchschnittlich 60 Tage pro deal hört sich oberflächlich ganz gut an, doch, wenn man das auf ein ganzes Jahr hochrechnet sind das mit Nebenspesen nahezu 100% cost of capital pro Jahr! Auch bei kulanteren Zwischenhändlern, die 90 Tage in Kauf nahmen, waren es immer noch 60% p.a. Das hielt auf die Dauer auch die beste Marge nicht aus. Uns war das immer bewusst, aber wir haben die Zwischenhändler immer nur als kurzfristige Zwischenlösung gesehen, bis eine vernünftige Finanzierungsschiene aus Eigenkapital, Mezzanin und genügend Fremdkapital etabliert war.
Dies hat sich letztendlich so lange verzögert, dass wir es am Ende nicht mehr erleben durften.
Es war nicht klar wann das Zahlungsziel zu laufen begann.
Die Ware wurde meistens zollfrei an uns verkauft, d.h. die Zollkosten und Transportkosten waren für uns sofort beim Import angefallen und waren fällig. Damit waren bei größeren Lieferungen oft hunderttausende Euro an Kosten an Speditionen und Zoll zu bezahlen, bevor die qentis noch etwas erwirtschaftet hatte, das legte die Liquidität lahm. (So ist beispielsweise der Import-Zoll auf Fahrräder aus China aufgrund von anti-dumping Bestimmungen 62,5%)
Ein echter Killer waren dann noch versteckte Kosten, das Lagergeld, jede Bewegung der Ware und sei es nur die Bewegung am Papier kostete uns Geld.
Sobald das Zahlungsziel erreicht war (aus Sicht des Lieferanten) wurden uns Überzugszinsen verrechnet, bis zu 2,5% pro Monat. Aus den Pfandlagern wurde uns die Ware aber erst ausgehändigt wenn die Zinsen bezahlt waren.
Durch die Pfandlager kamen für uns natürlich auch noch erhebliche Logistikkosten hinzu, denn ein einziger Container konnte oft nur in zehn oder mehr Teilzahlungen abgerufen werden,

wodurch bis zu 3000 € zusätzliche Kosten auf die Ware eines Containers entstanden. Unser eigenes Lager wurde hingegen immer leerer und die Lagerkosten in den Pfandlagern stieg ins Astronomische.
Beim Einkauf wurden wir laufend über den Tisch gezogen, oft kamen wir später drauf, dass die Einkaufspreise nach unseren Verhandlungen weiterverhandelt wurden. Die nachträglichen Preisreduktionen gingen aber oft auch auf die Qualität der Waren, was zu Verlusten in der Garantie führte. Teilweise wurden Phantasiebeträge hinzu addiert, Regiekosten, Agenten was auch immer, das musste dann diskutiert werden.
Obgleich wir es vielen der Zwischenhändlern immer wieder erklärt haben, dass letztendlich die Profitabilität der qentis das Um und Auf des Geschäfts sei, war keiner bereit, auch nur auf einen einzigen Cent zu verzichten, alle blieben hart bis zuletzt bis es zu spät war – für alle.

KAHN

Mitte 2005 war ich wieder einmal in Ghouanghzou bei der Canton Fair, gemeinsam mit einer Mitarbeiterin schauten wir uns nach neuen interessanten Artikeln um und besuchten natürlich auch viele unserer aktuellen Lieferanten. Zu diesem Zeitpunkt belieferten uns bereits über 100 chinesische Produzenten. Neue Designs, bessere Verpackung und technische Verbesserungen wurden besprochen, und natürlich auch, welche neuen Artikel wir ins Programm aufnehmen könnten. Zu diesem Zeitpunkt schuldeten wir unserem Hauptlieferanten Shri bereits ca. 2 Mio. US$. Obwohl wir laufend hohe Zahlungen leisteten, war es nicht möglich von diesem Schuldenberg runterzukommen. Immer wieder kamen neue Lieferungen mit neuen Artikeln und deren Verkauf zog sich dahin. In diesen Tagen in Ghounagzhou sollte ich deshalb den Big Boss kennen lernen, Kahn, er war der Mann hinter den Kulissen, er bewegte nur Geld, er verborgte Geld, er finanzierte. Von riesigen Disko-Tempeln in Moskau über landwirtschaftliche Betriebe in Aserbaidjan und Ölterminals am Schwarzen Meer, er finanziert alles, was Profit verspricht und schreckt vor keinem Risiko zurück. Das nächtliche Treffen fand in einem unspektakulären Restaurant in Ghounagzhou statt. Kahn war ein fast zwei Meter großer Hongkong-Inder, ca. 50 Jahre alt, mit einem Bauch, in dem in den letzten Jahren vermutlich ein kleineres Vermögen verschwunden war, sein Versace Hemd trug er bis zum Nabel aufgeknöpft, riesige schwere Goldketten um den Hals. Eine massive goldene Uhr und ein Lederhut gehörten zu seinen Accessoires. Er machte einen filmreifen Eindruck auf mich. Als ich eintraf, verabschiedete sich eben eine große perfekt gebaute blonde Dame, die dem Akzent nach wohl aus Russland stammte, mit einem kleinen Luxus-Hündchen. In der ersten halben Stunde unseres Gesprächs interessierte er sich nur für Wien. Er selbst hatte einige Zeit dort gelebt, er wollte wissen ob dieses oder jenes Lokal oder Restaurant noch existierte, ob ich diesen oder jenen Geschäftsmann kenne usw.. Mitten im Gespräch wechselte er plötzlich das Thema: *„So you owe my friend Shri money ?“*

„well qentis does, yes, but the cash keeps rolling...“

„you know, that Shri owns this money to me?“

„well, he told me about that“

„he will pay it backto me, even if his kids cannot go to school anymore, if he has to sell his house and car, he will bring his last cent to me to pay back, even if he cannot afford to eat, he will pay back every cent of it“ (Wer mit Indern schon Geschäfte gemacht hat, der weiß, dass diese einen leichten Hang zur Dramatik haben.)

„I understand“ (Die Atmosphäre wurde ungemütlicher)

„There is no love-loan, for nobody“

„I understand“ (Warum musste ich in diesem Augenblick an *„Der Pate“ denken....?)*

„I dont borrow to companies, but i can borrow the money to you personaly, 2% per month, interest must be paid every month and the money must be paid back in one year“

„Do you have a problem if it will take a little longer?“

„I have no problem, no problem with this, just my friends dont

like it, so you should better be on time !"
Ok seine Freunde wollte ich eigentlich nicht kennen lernen, und persönlich haften für diese Summe wollte und konnte ich auch nicht, da ich ja ausser unserer Firma nichts besaß. Damit war der Deal vorerst mal geplatzt. Die Geschäfte mit Shri liefen aber trotzdem weiter und die Lösung des Problems schien in Sicht.

MOTTI

Motti, ein ehemaliger Jugendfreund meines Partners Davies, war ein aus Wien stammender Händler, ein orthodoxer Jude, der nach New York übersiedelt war. Er betrieb dort einen bescheidenen Großhandel mit Speicherkarten und anderen Fotoartikeln. Wir haben schon im Jahre 2003 das Geschäft miteinander gestartet, vorerst nur mit Speicherkarten. Im Laufe der Zeit aber wurde der Umfang immer größer, in den besten Zeiten lieferte er uns gut 100 verschiedene Artikel pro Woche und eine Wochenlieferung konnte bis zu 200.000 US$ ausmachen. Die Ladung kam stets mit dem Flieger, meist mit der AUA. Da wir auf diesem Flug einer der größeren regelmäßigen Kunden waren, genossen wir Sonderbehandlung bei der AUA. Motti war ein Zwei-Mann Unternehmen und auch wir waren am Anfang ja nur zu zweit und keiner von uns wollte großen Aufwand in der Abrechnung miteinander haben. Zu Beginn der Geschäftsbeziehung hatten wir vereinbart, dass Motti uns die Waren zu seinen Einkaufspreisen liefern würde, wir sie auf eBay verkaufen und den entstehenden Netto-Gewinn dann durch zwei teilen. Doch bereits sehr bald bemerkten wir, das diese Berechnung, aufgrund von Transportkosten, Einstellgebühren, Retouren, Ersatzlieferungen, etc. sehr kompliziert und jedenfalls nicht exakt wurde. Um also das Geschäft möglichst einfach zu halten und auch beide Seiten absolut fair zu behandeln, haben wir uns auf ein sehr einfaches Abrechnungsmodel geeinigt: die qentis bezahlt die Frachten, also jene innerhalb der USA (falls notwendig) aber vor allem jene von New York nach Wien. Motti schlägt auf alle Waren 4% auf seinen Einkaufspreis auf, bei

einem durchschnittlichen Umsatz von 150.000 US$ pro Woche waren das in guten Zeiten rund 25.000 US$ pro Monat, also nicht schlecht. Der Vorteil für die qentis war, dass wir einerseits nicht ständig Einkaufspreise verhandeln mussten, wie mit anderen Lieferanten und andererseits durch die häufigen und regelmäßigen Lieferungen sicher gehen konnten, immer die aktuellsten und besten Preise zu haben. Zu Beginn des Geschäftes kauften wir zumeist nur einige Modelle von Speicherkarten. Die Marktpreise waren uns gut bekannt und wir erkannten rasch, dass Motti nicht nur sehr attraktive Einkaufspreise erzielen konnte, sondern auch, dass seine Rechnungen immer in Ordnung waren. Dadurch entstand ein sehr gutes Vertrauensverhältnis. Dass in der Folge immer mehr und immer komplexere Produkte hunzukamen, deren Preisgestaltung wir nicht mehr nachvollziehen und überprüfen konnten, sollte noch problematisch werden.
Für Motti wurde das Geschäft mit der qentis zu seinem Hauptgeschäft, fast 80% seines Umsatzes bestritt er mit uns, fast wöchentlich kamen neue Artikel hinzu. So lief das Geschäft rund drei Jahre lang ohne Probleme. Einzig die Finanzierung war immer ein Problem gewesen, da Motti, so wie auch die qentis keine ausreichende Finanzierung hatte, mussten wir ihm täglich Geld senden, so dass er unsere Waren bezahlen konnte. Ihm war es immer von größter Wichtigkeit, dass sein Kontostand nicht unter Null ging. Um das zu bewerkstelligen, auch in Zeiten des Internet, ist es notwendig eine Sondervereinbarung mit einer Bank zu treffen, da es in der Praxis normalerweise drei Tage dauert, bis eine SWIFT Überweisung von Europa in den USA ankommt. Die Wahrheit ist, dass die Idee von SWIFT-Überweisungen ist, dass die Beträge sofort bei der anderen Bank aufscheinen, ein SWIFT dauert also in Wirklichkeit nur wenige Minuten. Es hat sich aber bei den Banken eingebürgert, zwei bis drei Tage Zinsen zu kassieren, also haben wir unseren Banken angeboten, für jeden SWIFT, neben den normalen Gebühren noch drei Tage Zinsen auf den Betrag als Sonderspesen zu bezahlen und dafür sicherzustellen, dass die SWIFTS tagesaktu-

ell bei Mottti in den USA ankamen. Das hat dann auch funktioniert. Wenn der Kunde bereit ist, einen Idioten-Aufschlag zu zahlen, dann ist er auch bei den Banken selbstverständlich immer der König. Wir hatten eine laufende „open balance", die wir täglich bei Überweisungen und wöchentlich bei Eintreffen einer neuen Lieferung entsprechend ergänzten und weiterführten. Dieser Saldo wurde auch regelmäßig mit Motti abgeglichen.
Im Sommer 2005, hatten wir im Rahmen von Beteiligungsverhandlungen mit möglichen Investoren mehrere Wirtschaftsprüfungen. Einer der Prüfer interessierte sich sehr stark für die Vereinbarung mit Motti und bat uns, Originalrechnungen seiner Einkäufe vorzulegen. Wir baten also Motti uns doch schnell mal eine zufällige Stichprobe von Originalrechnungen zuzusenden. Das erzeugte keine Begeisterung bei Motti, er fragte 100 Mal nach, warum das nötig sei, ob das wirklich sein musste etc. kurz es dauerte fast 3 Monate bis endlich ca. zehn Rechnungskopien, natürlich ohne dem Originalkopf des Rechnungsstellers vorlagen. Diese Kopien erzeugten aber weder bei uns noch beim Wirtschaftsprüfer gute Laune, da die Aufschläge keineswegs die vereinbarten 4% aufwiesen, sondern vielmehr einen durchschnittlichen Aufschlag von 8%. Wir baten Motti zu uns nach Wien, um uns zu erklären, warum die Aufschläge der Stichprobe nicht 4%, sondern 8% betragen hatten, da uns die Sache doppelt unangenehm war (einerseits hatten wir anscheinend zu hohe Preise bezahlt, andererseits verloren wir durch diese Geschichte einen möglichen Investor, da der Bericht des Wirtschaftsprüfers in diesem Punkt sehr negativ ausfiel). Es kam natürlich zu einem großen Streit, Mottis Argument war, er sehe sich an die alte Vereinbarung, nämlich den Aufschlag von 4%, nicht mehr gebunden, zum Einen, weil dieser Betrag bei rückläufigen Umsätzen zu gering war und zum anderen, weil wir begonnen hatten, einige Artikel, die wir früher durch ihm in den USA gekauft hatten, nun in China zu produzieren (es handelte sich dabei um Stative mit einem Gesamtwert von ca. 10.000 USD...). Warum er uns niemals mitgeteilt hatte, er würde sich nicht mehr

an die Vereinbarung halten wollen, oder die Erträge seien ihm zu gering, um davon leben zu können, konnte er nicht beantworten. Er meinte nur, wir hätten ja nicht kaufen müssen, wenn uns die Preise zu hoch gewesen wären – ein absurdes Argument, da wir ja von Anfang an, wissend, dass es einen fixen Aufschlag gab, niemals einen Preis verhandelt hatten. Wir hätten uns problemlos zusammensetzen und eine neue Vereinbarung treffen können, die für beide Seiten akzeptabel gewesen wäre (oder aber einvernehmlich das Geschäft beenden). Stattdessen hat er leider hinter unserem Rücken begonnen, sein eigenes Süppchen zu kochen.

Wie haben dann also das Geschäft im Herbst 2005 beendet, aber Motti war der Ansicht, wir würden ihm noch ca. 120.000 US$ schulden, hingegen sahen wir die Sache ganz anders. Nach Neuberechnung der Aufschläge hätte Motti uns etwa 300.000 US$ geschuldet, ein Umstand, der aufgrund dessen, dass es keine schriftliche Vereinbarung zur Provisionshöhe, sondern nur ein mündliches Agreement gab, kaum durchgesetzt werden hätte können.

Dann kam leider der Konkurs der qentis und ich betrachtete die Sache als erledigt. Aber Motti sah das anders, als orthodoxer Jude gelten für Ihn die jüdischen Gesetze und da gibt es so etwas wie einen Konkurs nicht. Er rief mich und meinem Partner Davies also zu einem jüdischen Schiedsgericht um die geforderten 120.000 US$ von uns persönlich einzufordern. Das ist unter Juden nicht ungewöhnlich, das jüdische Schiedsgericht arbeitet nicht unähnlich einem normalen Gericht. Man kann auch dort einen Anwalt nehmen (natürlich einen, der sich in den jüdischen Gesetzen auskennt), Sachverständige rufen usw.. Der Vorteil ist, dass es relativ schnell zu einer Entscheidung (meistens allerdings ein Vergleich) kommt und dass das Gericht eher der Mentalität jüdischer Kaufleute entspricht als ein normales Gericht. Wir sahen diesem Schiedsgericht gelassen entgegen, da die Sachlage ja völlig klar war: wir hatten 4% Aufschlag vereinbart, das gab auch Motti zu und er hatte rund 8% aufgeschlagen – eine klare Sache.

Vor dem Schiedsgericht erfand Motti nun aber eine ganz andere Geschichte: die 4% waren zwar vereinbart, aber außerdem hätten wir ihm zugesagt auch alle seine Spesen zu tragen und die hätten ebenfalls 4% ausgemacht, daher also die 8%. Ich könnte mir kaum einen Zustand ausdenken in dem ich eine solche irrsinnige Vereinbarung eingegangen wäre, denn es bedeutet ja nun wirklich ALLE seine Geschäftsspesen, seine Flüge, seine Miete, das Hotel und Abendessen, der Kopierer, das Notebook und natürlich seine Angestellten samt deren Spesen. Nun ja es gab weder einen Vertrag darüber noch ein einziges E-Mail darüber, nie wurde ich gefragt, wer wann angestellt werden würde, oder was die Büromiete kosten würde. Es ist natürlich auch unmöglich den Beweis anzutreten, dass etwas nicht existiert. Profis würden von einer Beweisumkehr sprechen. Das Argument, dass Motti uns in der gesamten Zeit keine einzige Spesenabrechnung vorgelegt hatte, interessierte den Richter kaum. Oft spielen in einem so kleinen Schiedsgericht auch persönliche Animositäten eine große Rolle und es ist Motti irgendwie gelungen, den Richter weitgehend von seiner Version zu überzeugen, und der Richter erkannte Mottis Forderung gegen uns persönlich größtenteils an. Als Begründung für seine Entscheidung meinte er nur lapidar: „Dass jemand für „nur" 4% Aufschlag arbeiten würde, könne er sich einfach nicht vorstellen. Die Entscheidung war meiner Meinung nach ein Witz und moralisch empfand ich den Spruch als absolut ungerecht, abgesehen davon, dass es keinerlei Beweise für Mottis Behauptung gab. Man muss sich vorstellen, dass dies bedeutet, dass mein Geschäftspartner und ich, die bei qentis alles verloren haben, nun in Zukunft auch noch für Mottis entgangene Gewinne aufkommen sollen, nachdem dieser drei Jahre lang gut von unserem Geschäft gelebt hat. Mein Partner Davies ist übrigens der Meinung, dass Motti uns nicht absichtlich betrogen hat, sondern es einfach unterlassen hat, jemals eine vernünftige Abrechnung zu machen. Er achtete immer nur darauf, dass sein Konto nicht unter Null war, und verrechnete uns immer soviel, wie er für die Bezahlung der Ware plus seine Spesen plus seine privaten

Spesen und Lebenserhaltungskosten benötigte und passte einfach immer nachträglich die Rechnungen an diese Erfordernisse an. Er hoffte, wir würden zufrieden stellend verdienen und das könne langfristig so weitergehen. Als das ganze dann aufflog, erfand er in seiner Not einfach die Geschichte von 4% PLUS Spesen.

Letztlich haben wir den Kampf aufgegeben. Tatsache ist, dass am Ende dieser Geschichte, sowohl ich, als auch mein Partner als auch Motti pleite sind.

Die Lehre, die wir daraus gezogen haben: mach keine Geschäfte mit Freunden und wenn, dann nur mit genauen schriftlichen Vereinbarungen.

KOMPLEXITÄT

Irgendwann Anfang 2005 wurde das Geschäft zunehmend komplexer, jeder neue Vorgang verursachte mit Spätzündeffekt Verwaltungsaufwand in nicht unbeträchtlichem Maße. Eine eigene Person behandelte verdeckte Schäden bei GLS, eine andere prüfte nur Logistikerrechnungen, eine andere die eBay-Rechnungen (das haben wir irgendwann wieder aufgegeben), eine andere kümmerte sich nur um incoming Logistik, eine andere um outbound Logistik und Verpackung. Zwei Techniker reparierten, zwei Angestellte bearbeiteten Reparaturen, ein Mann organisierte Reparaturen vor Ort, eine Person kümmerte sich nur um Umsatzsteuer-Zuordnungen und Abrechnungen, ein anderer nur um das Personal, eine nur um Bewertungen. In jedem Länderteam kümmerte sich eine Person um PayPal und Bankenzahlungen, eine andere um die Frage „wo ist meine Ware?". Jede Tätigkeit, die früher ganz nebenbei geschah, war mittlerweile ein full time job.

Langsam dämmerte mir dann auch, dass das Geschäft einfach zu komplex war. Ich wollte also mal sehen, wer sonst so eine ähnliche Größe hatte oder noch größer war, als wir. Einen solchen gab es nicht! Es gibt zwar Online Händler, die 5 bis 10.000 Artikel täglich und mehr versenden (der deutsche conrad-

Konzern versendet 70.000 Pakete am Tag), aber auf eBay sind wohl 1000 bis maximal 2000 Am Tag das Maximum, wenn überhaupt. Und die Powerseller mit den meisten Transaktionen verkaufen häufig nur Artikel, wie Displayschutzfolien, oder Billig-DVDs. Das heißt, innerhalb von 10 Jahren eBay ist es keinem einzigen Powerseller gelungen, eine wirklich große Anzahl von Transaktionen (insbesondere von werthaltigen Artikeln) abzuwickeln. Heute behaupte ich, dass dies nicht möglich ist. Der Grund dafür liegt meiner Meinung nach im Bewertungssystem. Wenn ich bei Tchibo einen Artikel bestelle und er ist nicht lagernd, erhalte ich einen Brief der da lautet „Ihr Artikel ist im Moment leider nicht lagernd, wir werden Ihnen diesen im Laufe der kommenden acht Wochen zusenden", wenn ich bei Amazon nach vier Wochen meine Ware nicht habe, ja was dann, es gibt eigentlich keine Möglichkeit irgendwas zu machen, nach etwa sechs Wochen kommt dann eine E-mail mit folgenden Inhalt „Ihr Artikel kann leider nicht geliefert werden", nach weiteren sechs Wochen ist das Geld wieder auf der Kreditkarte. Wenn Sie bei Saturn ein Gerät zur Reparatur haben und dieses zum Laden bringen, dann könnten Sie mit etwas Pech nach vier Wochen folgende Antwort bekommen: „es handelt sich um einen Stossschaden, die Reparatur der Kamera (290 €) kostet 211,85 €, ansonsten wird diese vernichtet oder gegen Portokostenersatz von 24,90 an sie zurückgesendet". „business as usual", so ist es nun mal. Aber nicht auf eBay, der Verkäufer ist ständig unter Druck, die Negative schwebt wie ein Damoklesschwert über ihm. Da kann man nicht handeln, wie man eigentlich sollte, man gibt laufend nach, man diskutiert, man vertröstet, und das alles kostet Zeit und Geld und Nerven. Das kann in einer großen Struktur nicht gut gehen. In einem ein Mann Unternehmen geht das, dann werden eben mal 2 Stunden keine E-Mails beantwortet, sondern man kümmert sich mal um den einen Problemfall, den man alle zwei Wochen hat, und bringt die Sache in einem kollegialen Telefongespräch in Ordnung.

Aber wir haben es versucht zu strukturieren, in der qentis gab es ein „RMA (Return Merchandise Authorization)" und „CR (Customer Relations)" Handbuch, das über 100 Seiten hatte und alle erdenklichen Situationen abdeckte, alle erdenklichen Erklärungen, Notlügen und Beruhigungstaktiken für den Kunden lehrte, aber oft mussten wir einfach nachgeben, um die Negativen abzuwehren, obgleich wir gegenüber dem Kunden im Recht waren.

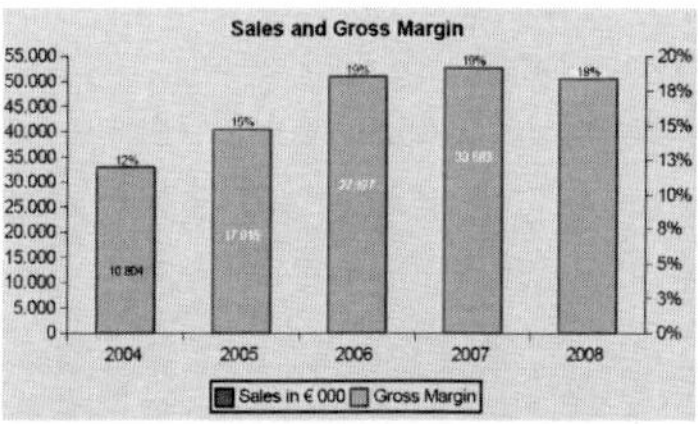

Der Umsatz der qentis und die realisierten bzw. zu erwartenden Margen auf bestimmten eBay Märkten. Die Kapitalspritze Anfang 2006 sollte die Margen entschieden steigern.

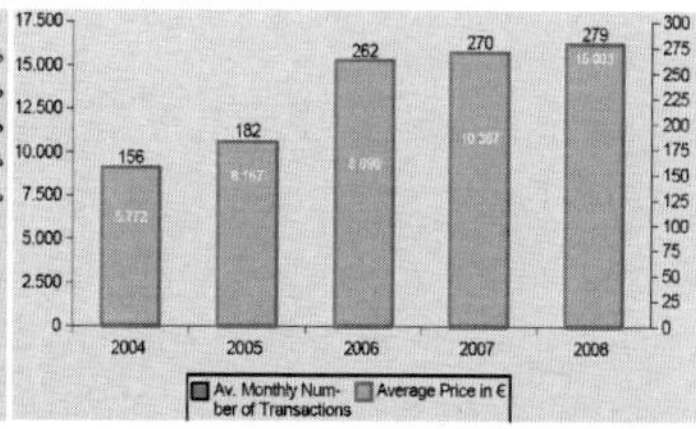

Wertdichte war ein wichtiges Thema. Ziel war es immer hochwertigere Artikel zu vertreiben und das Umsatzwachstum weniger durch erhöhte Transaktionen zu generieren.

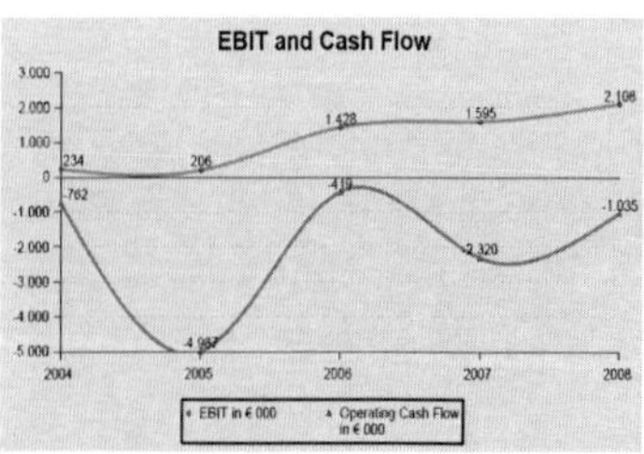

Ende 2006 stieg unser Cash Flow stark an, auch das EBIT legte zu, leider aber auch der Bedarf an Warenfinanzierung.

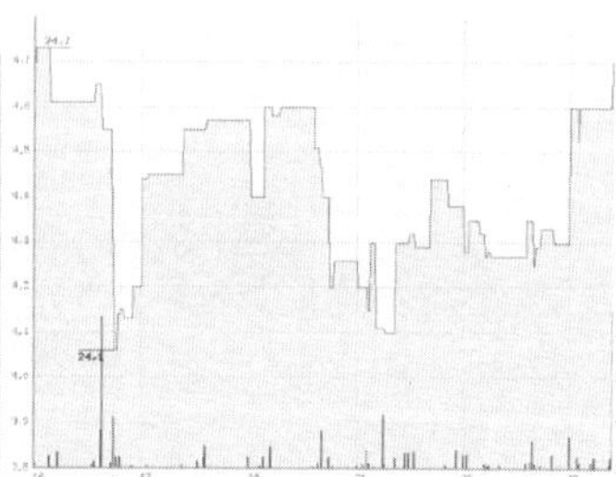

Die eBay Aktie von 16. bis 23. Jänner 2006, am 18. veröffentlichte eBay neue, sehr gute Gewinne des letzten Quartals 2005 und korrigierte seine Erwartungen für 2006 nach oben. Nachdem am 19. dann die Meldung vom qentis Konkurs die Runde machte gab der Kurs 3% nach.

KAPITALSUCHE
EINE FAHRT AUF DER HOCHSCHAUBAHN

Mezzanin

Bereits Ende 2003 haben wir beschlossen, uns in Zukunft hauptsächlich auf die Produktion von Artikeln in China zu konzentrieren und diese direkt auf eBay zu verkaufen. Nachdem die Spannen bei allen anderen Geschäften ständig nachgaben, erschien uns dies als das ideale Geschäft. Das Wachstum planten wir über immer mehr verschiedene Produkte zu erzielen. Die Marge wäre aufgrund der Ausschaltung aller Zwischenhändler die höchstmögliche und ein solches Model könnte auch nicht so einfach von jedem kopiert werden. Der Nachteil dieses Models war aber, dass wir dafür ausreichende Finanzierung benötigten; immerhin musste die Ware von der Produktion bis zum Verkauf finanziert werden, und das konnte schon mal fünf bis sechs Monate dauern. Wenn man dann einen Umsatz von ca. 20 Mio. € pro Jahr anpeilte, bräuchte man etwa. acht Mio. €, um die extrem teuren Zwischenhändler möglichst rasch abbauen zu können. Nachdem wir verschiedene Optionen erörtert hatten, kristallisierte sich für uns folgendes Model heraus: wir benötigten auf Sicht ein Jahr etwa 1,5 Mio. € zusätzliches Eigenkapital, für das wir Firmenanteile hergeben würden.

In gleicher Höhe würden wir in der Lage sein, Mezzaninkapital zu bekommen. Mezzaninkapital ist eine besondere Form von Fremdkapital, es ist ein nachrangiger Kredit für den es keine persönlichen Haftungen gibt und der über einen langen Zeitraum von ca. 10 Jahren rückzahlbar ist, wobei einige Jahre lang nur die Zinsen zu bezahlen sind. Im Gegenzug sind allerdings die Zinsen relativ hoch und beim Verkauf von Firmenanteilen profitiert der Mezzanin-Darlehensgeber aufgrund eines so genannten „equity-kickers“ mit. Eine weitere Besonderheit von Mezzaninkapital ist der Umstand, dass dieses von Banken ähnlich zu Eigenkapital bewertet wird. Je nach

Institut werden zwischen 60% und 80% des Mezzaninkapitalvolumens bilanziell als eigenkapitalähnlich gewertet. Das bedeutete, dass die 1,5 Mio. „richtiges" Eigenkapital und zwei Mio. € Mezzaninkapital zusammen einem Eigenkapital von rund drei Mio. € gleichkommen würden. Zusammen mit den Gewinnen, die qentis bereits hatte, wäre die Eigenkapitalkraft der qentis bei 3,5 Millionen € gelegen. Um die hohe Zinsbelastung der Mezzaninfinanzierung abzufangen und die Finanzierung zu komplettieren, war dann geplant, aufgrund der bestehenden Eigenkapitalquote, bei drei bis vier österreichischen Banken eine etwa gleich hohe Summe an Krediten (also anfänglich 3,5 Millionen €, laufend ansteigend bis 4,5 Millionen €) aufzunehmen, damit wäre die qentis weitestgehend durchfinanziert gewesen.

Aber von Anfang an entwickelte sich die Sache anders, als geplant. Der erste Schritt der Mezzanin sollte ein Mezzanindarlehen von 700.000 € sein zu 15% Zinsen p.a.. Weitere 1,5 Mio. sollten später fließen, wenn das entsprechende Eigenkapital in gleicher Höhe vorhanden sei. Als Vorbereitung war natürlich eine Wirtschaftsprüfung notwendig, die positiv ausfiel, anschließend wurden Verträge ausgehandelt, das endgültige ok sollte dann in der Vorstandssitzung der Bank, die das Mezzanindarlehen gab, fallen. Am Tag der Vorstandsitzung - wir waren natürlich sehr gespannt auf das Ergebnis - bekam ich einen Anruf des Geschäftsführers der Bank, der mir erklärte, es gäbe neue Konditionen, statt 700.000 € würden vorerst einmal nur 500.000 € fließen und die Jahreszinsen betrügen nunmehr nicht mehr 15% sondern 20% (wobei wir, sobald die zweite Tranche ausgezahlt würde die 5% Differenz wieder zurückbekämen). Nun ja, mit knirschenden Zähnen akzeptierten wir, insbesondere da wir das Mezzaninkapital bereits fix in die Cashflowsituation eingeplant hatten. Durchgerechnet war der Zinssatz aber viel höher. Die eigentliche Auszahlungssumme war 487.000 € aufgrund der Kreditbereitstellungsgebühr und der Kreditsteuer, weiters waren 13.000 € für die vorangegangene Wirtschaftprüfung zu bezahlen, 4.500 € verrechnete unser Anwalt für seine Dienste und der Mehraufwand für unsere Steuerberatung für die Erstellung diverser Berichte schlug sich mit 3.500 € nieder; weitere 25.000 € bekam dann noch der vermittelnde Berater. Dazu kamen noch die hausinternen Kosten, wie die Erstellung aller vorbereitenden Unterlagen und laufender Berichte an die Bank, etc.. Die Summe, die wir nach Abzug aller Kosten tatsächlich erhielten und verwenden konnten, waren 436.000 €. Auf diesen Betrag zahlen wir also vorläufig Zinsen in der Höhe von 100.000 € p.a., also ein effektiver Kreditzins von sage und schreibe 22,9%.

Soweit so gut, wichtig war es nun für die qentis, den zweiten viel größeren Teil der Finanzierung zu bekommen, um das Geschäft abgesichert betrieben zu können. Um die zweite Tranche der Mezzanin zu erhalten und damit auch die Krediterweiterungen aller anderen Banken zu bekommen, mussten wir, neben regelmäßigem Reporting, Finanz- und Bilanzplänen und Soll-Ist-Vergleichen im wesentlichen zwei Bedingungen erfüllen. Wir mussten ein transparentes und zertifiziertes Warenwirtschafts- und Finanzbuchhaltungssystem im Unternehmen implementieren, und wir mussten 1,5 Mio. Eigenkapital auftreiben.

CONRAD

Über einen Berater haben wir uns also auf die Suche nach Eigenkapital gemacht und verschiedene Möglichkeiten ausgelotet. Einer der ersten, die Interesse zeigten, war der deutsche Conrad Konzern, ein riesiger Elektronik-Händler, der seine Ware nicht nur in eigenen Shops, verteilt über ganz Deutschland und inzwischen auch viele europäische Länder, sondern auch über einen sehr gut und rasch funktionierenden Online Handel vertreibt. Bei einem kurzen informativen Gespräch am Flughafen Nürnberg, trafen wir mit Herrn Conrad und seinem CFO zusammen. Beide waren sehr sympathisch und verstanden natürlich sofort, wo die Probleme und wo die Stärken der qentis lagen. Uns allen war klar, wie interessant eine gemeinsame Fortsetzung des Geschäfts sein würde. Bei einem weiteren

Treffen wurde dann im Detail besprochen, wie eine gemeinsame Zukunft aussehen könnte. Conrad verfügt in China über eine eigene Abteilung für den Einkauf und die Produktionskontrolle und Verschiffung von Waren, die 120 Personen zählte, arbeitete ausschließlich mit Eigenkapital und hatte enorme Erfahrung in Produktion, Import Finanzierung und Online Verkauf. Conrad verfügt in Deutschland über ein Logistikzentrum, welches wahrlich unglaublich ist. Als ich das Logistzentrum auf Einladung von Herrn Conrad besuchte, kam ich mir vor, wie Charly in Willy Wonkas Schokoladenfabrik.
Eine Vollautomatisierung, die ihres Gleichen sucht, Mitarbeiter ausgestattet mit Headsets, über die sie Befehle von einem Computer erhalten, sortieren die Waren in Plastikwannen, über Aufzüge fahren die Wannen mit den Bestellungen in das untere Geschoss, dort werden die Artikeln in verschieden große Kartons gepackt, und dann automatisch in Container unterschiedlicher Logistiker vollautomatisch eingeschlichtet, je nach Angebot für Transportkosten. All das geschieht vollautomatisch, Computer berechnen sogar, wie die Ware in den Karton zu stekken ist, damit ein Minimum an Verpackungsmaterial gebraucht wird. Bis zu 100.000 Sendungen pro Tag können von dort versendet werden. Aus heutiger Sicht wäre die Kooperation mit Conrad natürlich sehr gut für uns gewesen, wir hätten damals aber zwei Drittel unserer Anteile an der qentis (und damit de facto auch jede Kontrolle) abgeben müssen und dafür knapp eine Mio. € bekommen. Das erschien uns für ein Unternehmen mit 20 Mio. € Umsatz bei enormem Wachstum zu wenig.

London Stock Exchange

Die reizvollste Idee, die qentis zu finanzieren wäre es gewesen, das Unternehmen an die Börse zu bringen. Am besten geeignet erschien uns dafür ein spezielles Segment der Londoner Börse, nämlich die AIM, der so genannten Alternative Investment Market. Auf diesem Segment sind allerlei Unternehmen aus Großbritannien und Kontinentaleuropa, aber auch aus Russland, China und Indien gelistet. Von kleineren

Unternehmen, mit weniger als 1 Mio. Pfund Jahresumsatz bis hin zu den Britischen Wasserwerken, mit weit über 200 Mio. Pfund Umsatz p.a.. Die Besonderheit dieses Segmentes ist es, dass es nicht die Börse selbst ist, die über das Go oder NoGo eines Börsenganges entscheidet, sondern ein so genannter Nomad, der „Nominated Advisor". Man sucht sich also einen geeigneten Nomad, und dieser beurteilt dann auf Basis von due-dilligence (Wirtschaftsprüfungen) durch Anwälte und Wirtschaftsprüfer die Angaben des Unternehmens. Der Nomad muss dann persönlich für die Korrektheit und Vollständigkeit aller Angaben im Börsenprospekt gerade stehen.

Der Gedanke, die qentis als ersten, mittlerweile größten Powerseller der Welt an die Börse zu bringen, war wirklich sexy – das fanden übrigens auch die Nomads. eBay war immer noch ein neues Phänomen und auch 10 Jahre nach der Gründung von eBay war die, laut Forbes Magazin „fastest growing company", fast täglich in den Medien. Ein Börsengang der qentis hätte daher sicherlich beträchtliches Medieninteresse auf sich gezogen, zusätzlich hätten wir dann auf Mezzanin, Banken usw. verzichten können und damit die Profitabilität des Unternehmens deutlich verbessert. Auch das weitere Wachstum hätte dann bei gleich bleibend guten Bilanzen ganz einfach über die Börse weiter finanziert werden können. Gleich mehrere Nomads wollten uns schnell an die LSE bringen, auch Sie erkannten wie attraktiv der Gedanke war und waren sicher, genügend Käufer für die qentis Aktien finden zu können. Aber kein Vorteil ohne Nachteil, denn die Prüfungen der qentis hätten 300.000 Pfund vorab gekostet (ca. 440.000 €) und das war echtes Risikokapital denn, auch wenn die Prüfungen negativ ausgefallen wären, hätten wir diesen Betrag bezahlen müssen und das hätte die qentis in ihrer immer gespannteren Lage nicht verkraften können. Obwohl wir einem Börsengang sehr große Chancen eingeräumt haben, konnten wir dieses Risiko leider nicht eingehen und es fand sich in der Eile auch kein Financier der dieses Risiko im Rahmen einer „Pre-IPO" Finanzierungsrunde übernehmen wollte. Wir mussten uns daher nach Alternativen umsehen. Es ist wirklich schade, dass wir uns nicht zu einem Börsengang entschlossen haben, denn in diesem Fall würde der Titel dieses Buches vielleicht lauten: „1-2-3 the limit is the sky. Die qentis Erfolgsstory."

Venture Capital

Neben strategischen Partnern und der Londoner Börse suchten wir auch in Österreich und Deutschland nach geeigneten Finanzpartnern. Diese Suche hatten wir bereits im Jahr 2003 begonnen. In anderen Ländern, insbesondere im anglo-amerikanischen Raum, finanzieren sich Handelsunternehmen klassischerweise mit Fremdkapital, doch bei österreichische Banken war das leider in der benötigten Größenordnung nicht möglich. Die Risiken unseres neuen Marktsegments waren für die heimischen Banken einfach nicht einschätzbar.
Wir machten uns daher auf die Suche nach Venture Capital, um zuerst einmal unsere Eigenkapitalkraft zu stärken.
Insgesamt haben wir mit ca. zehn verschiedenen Venture Capital Unternehmen geredet. Diese Gespräche allerdings waren zermürbend. Zum Einen war es verständlicherweise notwendig jeden VC das Geschäftsmodel von Grund auf zu erklären, zum Anderen waren bei fast allen VCs viele Leute in deren Entscheidungsprozesse eingebunden. Dies hat zum Teil zu wiederholten Fragesessions von bis zu fünf Stunden geführt, in denen oftmals neue Leute eingesetzt wurden, so dass wir immer wieder von Neuem unser Geschäftsmodel, unsere Vergangenheit und unsere Pläne für die Zukunft darlegen mussten. Den Gesprächen folgten dann insgesamt fünf detaillierte due-dilligences verschiedener VCs. Mein Partner Davies war monatelang fast ausschließlich nur mit diesen Dingen beschäftigt und konnte sich kaum mehr dem Tagesgeschäft widmen. Zu dieser Zeit haben wir deshalb einen neuen, viel versprechenden CFO angestellt, der aber letztendlich von der Aufgabe, aufgrund der immensen Schnelligkeit und Komplexität der täglichen Anforderungen, überfordert war.

Einer der VCs, zur Zeit des New Economy Hypes einer der Platzhirsche in Wien, hatte sich einige Monate zuvor einen hoch bezahlten Top-Star der VC-Szene aus London eingekauft. Zuerst waren wir sehr froh, mit so einem professionellen counterpart verhandeln zu können, aber im Laufe der Gespräche wurde unser Befremden immer größer. Ewig löcherte uns sein research-team mit neuen und weiteren Fragen, die teilweise nicht einmal sinnvoll waren. Bei den persönlichen meetings ging es zunehmend um Themen, wie seinen letzten Wochenendflug auf seine Ranch in Südafrika, oder über den Kauf des neuesten Porsches, aber nur wenig über unseren geplanten deal.
Als wir dann endlich ein Angebot der Gruppe am Tisch hatten, war dieses so haarsträubend absurd, dass wir unseren Augen nicht trauen konnten. Als wir uns bei der Geschäftsleitung des VCs darüber beschweren wollten, erfuhren wir, dass der englische Top-VC inzwischen wegen Erfolglosigkeit gekündigt worden war und gar keine Handlungsbefugnis mehr hatte....
Auch bei einer anderen Venture Capital Gruppe hatten wir anfangs gute Hoffnungen. Zu Beginn der Verhandlungen waren wir mit einem bekannten, österreichischen Alt-Industriellen zusammengetroffen, der sozusagen als Mentor dieses VSc fungierte. Obwohl ihm das Thema Internet im Allgemeinen und Online Handel im Speziellen wirklich nicht nahe stand, war ihm sofort klar, was die Möglichkeiten und Knackpunkte unseres Business-Modells waren und ihm gefiel unser Unternehmen sehr gut. Daher empfahl er der VC-Gruppe, nach erfolgter Wirtschaftsprüfung, mit uns über eine Beteiligung zu verhandeln. Frohen Mutes ließen wir diese Prüfung über uns ergehen, leider wurde aber ein neuer Mitarbeiter unserem Projekt zugeteilt. Dieser junge Mann hatte den unbändigen Drang, sich zu profilieren und – ich denke – es ging ihm auch gegen den Strich, dass zwei „junge Burschen“ wie wir hier zu einer Millionenbeteiligung eines renommierten Fonds kommen sollten. Er torpedierte das Projekt, wo er nur konnte und wenn einem potentiellen Investor die gemeinsame Phantasie fehlt, dann hat ein solches Projekt kaum Chancen. Trotzdem kam es

zu einem Angebot, die Vertragsdetails waren aber an unerfüllbare Klauseln gebunden, so dass wir die Sache leider abblasen mussten. So mancher VC war dann nur bereit den Prozess weiter voranzutreiben, wenn wir selbst die Kosten für die due-diligence übernahmen. Die größte Chuzpe unter allen „Kapitalvermittlern“ hatte ein gewisser Herr Prohaska aus Wien. Wir sind Anfang 2003 eher durch Zufall auf ihn gestoßen. Er residierte in einem sehr noblen Wiener Palais (erst viel später haben wir erfahren, dass er nur ein einziges Zimmer dort bezogen hatte). Herr Prohaska war unglaublich selbstsicher, er erzählte uns von besten Kontakten zu Gott und der Welt, und wenn man ihm zuhörte konnte man meinen, die gesamte österreichische Wirtschaft würde ohne sein Zutun sofort zum Erliegen kommen. Er präsentierte uns eine „long list“ von möglichen Investoren, die sich wie ein „who is who“ der VC- und Bankenszene las. Daraus würde er dann eine „short list“ von etwa 20 Top-Adressen destillieren, zu denen er natürlich durchwegs beste persönliche Kontakte pflegte. Ein paar Anrufe seinerseits würden sehr schnell Geld in Bewegung bringen, das Interesse an unserem Projekt sei sicherlich enorm. Alles was zu tun sei, wäre einen geeigneten Business Plan zu gestalten. Dafür würde er nur 10.000 € verrechnen, alle weiteren Erträge wären rein erfolgsabhängig: 5% von jenem Kapital, welches durch seine Bemühungen der qentis zufließen würde. Nachdem der Business Plan fertig war, schrieb Herr Prohaska also so ziemlich alle Banken, Venture Kapitalisten, Finanzberater und Großindustrielle Österreichs in einem Massen-Rundschreiben an, damit allerdings waren seine Bemühungen beendet. Der einzige gemeinsame Termin war ein Besuch bei unserer eigenen Hausbank, der allerdings katastrophal verlief. Meine Berater und Herr Prohaska waren sich auf Anhieb unsympathisch und entsprechend hoffnungslos verlief dann das Gespräch. Unser Bankbetreuer, der uns die ganze Zeit hindurch mit Rat und Tat zur Seite stand und sich sehr für uns bemühte, legte uns nahe, nicht mehr mit diesem Typen aufzukreuzen. Somit war die gemeinsame Kapitalsuche abgeblasen. Es war auch unmöglich, einen detaillierten Bericht über die Kapitalsuche von ihm zu bekommen, auch die Liste der Adressen, die er angeblich angeschrieben hatte, konnten wir nicht mehr einsehen. Wir haben also den Vertrag wegen Nichterfüllung gekündigt. Als uns unsere Hausbank zwei Jahre später, aufgrund des guten Geschäftsverlaufes, eine Ausweitung des Kreditrahmens gewährte (gegen persönliche Haftungen), versuchte Prohaska von uns dafür eine Provision zu bekommen. Dieses absurde Vorhaben konnten wir mit Hilfe unseres Kundenbetreuers abwenden, aber es sollte nicht dabei bleiben. Als wir Mitte 2005, wie es der österreichischen Presse entnommen werden konnte, 500.000 € Mezzaninkapital erhielten, wurden wir von Prohaska, unter Androhung einer Klage, sofort zu Zahlung von 50.000 € aufgefordert, 25.000 € für seine Beratungsleistung und weitere 25.000 € Pönale, weil er davon nicht von uns unterrichtet worden war. Und so ging es weiter: als er aus der Zeitung erfuhr, dass wir inzwischen 1,5 Mio. € Kreditlinien bei österreichischen Banken hatten, forderte er weitere 150.000 €. Mit der Zeit erfuhren wir, dass dieser Herr bereits einschlägig für solcherlei Aktionen bekannt war. Von uns hat er keinen Cent bekommen und auch im Konkurs hat der Masseverwalter alle seine gestellten Forderungen erfolgreich bestritten. Vielleicht verlässt vielleicht gerade jetzt, in dem Moment in dem Sie diese Zeilen lesen, der nächste Kunde mit glänzenden Augen und Träumen von Beteiligungsmillionen das Palais des Herren Prohaska. Ein interessanter Nebeneffekt der zahlreichen Wirtschaftsprüfungen und VC-Kontakte war, dass zwei Personen aus diesem Umfeld sich in weiterer Folge privat als Financiers für unsere Geschäfte, wenn auch in kleinem Rahmen anboten, weil ihnen nach eingehender Prüfung unser Geschäftsmodell so gut gefiel. Wir fassten das durchaus als kompetentes Kompliment auf.

Die Kapitalsuche nahm auch enorm viel Zeit der Geschäftsführung in Anspruch, und irgendwann mussten wir die Sache abbrechen und zu unserem „Plan B“, der Direktbeteiligung eines großen Handelspartners, zurückkehren.

SHRI & SAP

Der „Plan B" war eine Kooperation mit einem unserer Hauptlieferanten, Shri. Shri lieferte uns inzwischen monatlich ca. 1 Mio. US$ Ware mit steigender Tendenz und war natürlich an der Vergrößerung des Geschäfts sehr interessiert. Einer der Hauptvorteile war zudem, dass er die qentis von Anfang an gut kannte und mir vertraute. Der Plan war daher, dass Shri das Eigenkapital von 1,5 Mio. € aufbringen sollte, mit dem wir dann den Mezzanin/Banken Plan umsetzen konnten.

Da Shri klar war, dass wir mit dem Geld auch weiterhin über ihn Waren bestellen würden, angesichts der Umsatzzuwächse in der Vergangenheit und unserer ambitionierten Pläne, willigte er ein.

Nun galt es aber, die zweite Bedingung der Mezzanin Bank zu erfüllen: die Implementierung eines Warenwirtschaftsystems und einer damit verbundenen Finanzbuchhaltung.

Wir haben uns also nach diversen Programmen umgesehen, natürlich gab es keines, das alle unsere Anforderungen erfüllte. Insbesondere die automatisierte Anbindung an den eBay Markt war bei den meisten nicht gegeben, und die wenigen, die für eBay zugeschnitten waren, wurden nicht für Unternehmen unserer Größe geschaffen. Wir mussten ja mehrere Lager verwalten, Produktionen in Fernost einbinden, sieben verschiedene Mehrwertsteuern mussten integrierbar sein, Mitarbeiter verwaltet uvm. Am Ende gab es nur sehr wenige Möglichkeiten, allesamt sehr teuer. Einer der Anbieter, ein Wiener Beratungsunternehmen, welches auf SAP spezialisiert war, unterbreitete folgenden Vorschlag: die qentis bezahlt lediglich die Lizenzen für die SAP Arbeitsplätze, sowie eine eher bescheidene Pauschale, die eigentliche Entwicklung des maßgeschneiderten SAP Paketes wäre kostenlos. Ziel der Aktion wäre es, gemeinsam eine Schnittstelle zwischen SAP und eBay zu entwikkeln und diese anschließend zu vermarkten. Der Vorschlag schien gut zu sein, einerseits, weil wir dabei Geld sparen würden und eventuell später auch noch Einnahmen aus dem Verkauf hätten, außerdem - so schien es uns - wäre SAP die richtige Software, um all die komplexen Vorgänge bei der qentis abzubil-

den und zu managen. Als Plattform sollte „Business One". die aktuell forcierte KMU-Lösung des SAP Konzerns, dienen. Auch die Bank, die das Mezzaninkapital zur Verfügung gestellt hatte, war mit der Entscheidung für SAP zufrieden. Als Zeitrahmen wurden ca. 9 Monate vereinbart, bis dahin sollte das System laufen und auch fit für eine Wirtschaftsprüfung sein auf deren Basis dann die zweite Mezzaninrunde ausbezahlt werden konnte. So machten sich also unser Berater und zahlreiche leitende Angestellte der qentis auf, am SAP-System für die qentis zu arbeiten. Bis zu diesem Zeitpunkt arbeiteten wir mit zwei Systemen, die beide hervorragend funktionierten. Einerseits Excel für unsere Lagerverwaltung: in drei verschiedenen Excel Spreadsheets wurden unsere Lagerstände durch die Lagerleiter jeden Tag eingetragen, inklusive der historischen Entwicklung der Stände. Dadurch konnte man jederzeit ersehen, wie schnell oder langsam sich ein Artikel verkauft, außerdem konnte man sehen, wann die nächste Lieferung erwartet wurde und wie groß diese war. Das System war einfach und funktionierte wunderbar. Andererseits gab es das Auctionweb, eine aftersales-software eines eBay solution providers. Dort konnte man jeden Tag ersehen, was zu welchen Preisen verkauft wurde, welche Transaktionen offen waren usw.. Alle anderen Zahlen hatte mein Chefbuchhalter im Griff.
Um die SAP-Implementierung zu starten, wurden nun nach und nach einzelne Module eingeführt. Angefangen hat es mit der Finanzbuchhaltung - die Präsentation war für uns sehr ungewöhnlich und die Erstellung von Bilanzen wurde erheblich erschwert - aber das System funktionierte. Aber nach und nach wurde die Entwicklung immer langsamer und schleppender, die Realisierung der dringend notwendigen eBay/SAP Schnittstelle verzögerte sich immer mehr. Ohne dieser Schnittstelle war aber das ganze Projekt für uns sinnlos. Langsam entwickelte sich die ganze SAP Angelegenheit zu einer Katastrophe für uns. Die erste Version der Schnittstelle erhielten wir im Juni 2005, doch diese war im Echteinsatz völlig unbrauchbar. Anschuldigungen zwischen unseren IT-Leuten und dem Berater flogen hin und

her, der Berater meinte plötzlich, er hätte seine Schuldigkeit getan und rechnete vor, dass die Beratungsleistung aufgebraucht wäre. Eine Weiterentwicklung wäre also nicht drinnen, einer Klage sähe er gelassen entgegen, da sein Unternehmen ohnehin so gut wie Pleite war. Die Situation war für die qentis mittlerweile kritisch, denn - und das war wohl unser größter Fehler - wir hatten uns auf die fixen Zusagen für die Implementierung verlassen und waren sicher, die Auszahlung der zweiten Mezzanin Tranche im Laufe des Herbst 2005 noch zu bekommen. Um das Wachstum der qentis nicht zu bremsen, waren bereits Waren um mehrere Millionen US$ unterwegs, deren Bezahlung aus diesen Geldern geplant war.
Wir versuchten nun, alle Hebel in Gang zu setzen; ich versuchte bei SAP selbst Hilfe zu bekommen aber dort konnte man mir nicht weiterhelfen. Andere SAP Berater wollten in ein bereits gestartetes Projekt nicht mehr einsteigen, und es gab auch nur wenige, die mit unserem Produkt vertraut waren. Wir haben dann einen Mitarbeiter eines SAP Beratungsunternehmens abgeworben um zumindest die notwendigsten Module implementieren zu können. Dieser Mitarbeiter schaffte es dann bis Anfang September, die gewünschte Schnittstelle zu programmieren. Aber es tauchten immer neue Detail-Probleme auf: Zum einen mussten unheimlich viele Daten zwingend in das System eingegeben werden, um es betreiben zu können, der Aufwand stieg an allen Ecken und Enden. In der Buchhaltung waren zwei Personen permanent damit beschäftigt, das System mit Daten zu füttern und auch in meiner Abteilung, dem Bestellwesen, war eine ganze Person notwendig um die Daten für Bestellungen einzutippen. Zum anderen kam hinzu, dass wir nun sowohl für Schulung als auch die Lösung von komplexeren Problemen auf einen externen Berater angewiesen waren, der aber meistens nur alle vierzehn Tage für einen halben Tag Zeit hatte. Es war zum Verzweifeln. Für den internen Betrieb wäre es am besten gewesen, zu den Excel Spreadsheets zurückzukehren, aber das wäre auch das Ende der Mezzanin Finanzierung gewesen. Wir mussten also versuchen, das System zum Laufen zu bringen.

Zusätzliche Probleme bereiteten uns aber auch Testdaten, die in den ersten Wochen oder Monaten der Implementierung ins System eingegeben worden waren um Beispielsdaten im System zu haben, denn diese Daten konnten nicht mehr entfernt werden und tauchten immer wieder auf Auswertungen auf.
Im Spätsommer wurde dann Shri, dem die qentis zu diesem Zeitpunkt etwa drei Mio. US$ schuldete, nervös. Er wäre immer noch bereit 1,5 Mio. € Eigenkapital einzubringen, aber er wollte, dass wir den Rest innerhalb des Zahlungsziels bezahlten. Erst dann wäre er bereit, weitere Aufträge entgegennehmen, denn die angespannte Lage lies bei ihm im Moment keine neuen Bestellungen zu und wir riskierten, das Weihnachtsgeschäft zu vermasseln.
Bis Mitte September hatten wir das SAP dann mit Müh und Not zum Laufen gebracht, es war weit davon entfernt perfekt zu sein; aber es war brauchbar, wenn auch der Aufwand, die Daten am neuesten Stand zu halten, unverhältnismäßig hoch war. Wir riefen also den Wirtschaftsprüfer und baten ihn, die Prüfung möglichst rasch durchzuziehen, da wir die Mezzanin-Gelder, sowie die der anderen Banken nunmehr dringend benötigten.
Aber gerade diese Prüfung zog sich (für unsere Begriffe) endlos dahin. Immer wieder wurden neue Auswertungen des SAP Systems von uns angefragt. Wir haben meistens in Nachtschichten - oft bis in die Früh- diese Reports innerhalb weniger Stunden zur Verfügung gestellt. Aber die Auswertung dieser Daten durch den Wirtschaftsprüfer dauerte meistens eine Woche, manchmal sogar länger, und so ging es mehrere Wochen lang hin und her. Shri drohte nun regelmäßig, auszusteigen und drängte uns, sofort zu handeln, die Bank und der Wirtschaftsprüfer hingegen hatten die Ruhe weg, es war zum Verzweifeln. Die Situation eskalierte dann, als nach drei Monaten endlich der Bericht des Wirtschaftsprüfers vorlag, er war negativ, das Warenwirtschaftssystem sei (noch) nicht ausreichend implementiert, um die wirtschaftliche Situation der qentis täglich genau nachzuvollziehen.
Mir war klar, dass unmittelbarer Handlungsbedarf bestand:

einerseits mussten wir versuchen, Shri bei Laune zu halten, andererseits aber mussten wir sofort Nachbesserungen am SAP vornehmen, um durch eine weitere Prüfung dann doch durchzukommen. Um die Situation zu retten hatten wir in der Zwischenzeit Shri, nicht wie geplant eine Minderheits-, sondern inzwischen eine Mehrheitsbeteiligung für sein Investment angeboten. Die Kapitalerhöhung sollte so rasch wie möglich durchgeführt werden, dazu war es aber notwendig, Unterlagen seines Unternehmens aus Hongkong nach Österreich zu schicken. Er verzögerte dies verständlicherweise seinerseits um nicht 1,5 Mio. € einzubezahlen und dann eventuell festzustellen, dass die qentis keine anderen Finanzierungen erhalten würde. Schließlich gelang es aber, die Beteiligung von Shris Firma an der qentis notariell durchzuführen. Er gab uns eine Gutschrift über 1,5 Millionen € als Agio für die Beteiligung. Diese war aber an das Gelingen des Gesamtdeals gebunden. Kurz: alles war von allem abhängig. Mitte Dezember reiste dann auch Khan, der Clanchef in Wien an, um sich die Situation anzusehen. Er war sichtlich nicht begeistert, gab uns aber zu verstehen, dass er in Kürze eine Lösung finden werde. Wir vereinbarten ein Treffen für Mitte Januar, bei dem alles endgültig geregelt werden sollte. Über den Jahreswechsel reiste Shri nach Hongkong um den deal mit seinem Klanchef unter Dach und Fach zu bringen. Wir gingen davon aus, dass es beim nächsten Treffen zu einer endgültigen Unterzeichnung der Beteiligungsverträge kommen würde und wir so noch mal die Kurve kratzen würden.

Von Anfang unserer eBay Tätigkeit bis Mitte 2005 hatten wir durchwegs positive Bilanzen (ab Mitte 2004 machten wir quartalsweise Zwischenbilanzen und alle waren profitabel!), doch die mangelnde Liquidität würgte uns zunehmend.

DER ANFANG VOM ENDE

RETTUNGSAKTIONEN

Für den Fall, dass sich Kahn und Shri aber doch gegen eine Beteiligung entscheiden würden, waren wir nun gefordert, innerhalb von wenigen Wochen eine andere mögliche Lösung zu finden oder zumindest einen neue Perspektive zu schaffen. Wir haben also alle Kontakte nochmals ausgeschöpft. Wir haben Conrad, mit dem wir ja schon vorher verhandelt hatten, angeboten, die Mehrheitsanteile de facto gratis zu übernehmen und Conrad schickte uns tatsächlich eine Truppe für eine sehr schnelle due-dilligence. Die Ungewissheit über Shris Beteiligung und des weiteren Mezzanin-Kapitals und der negative Bericht des Wirtschaftsprüfers warfen aber ein schlechtes Licht auf die ganze Situation. Conrad war in dieser Lage nicht gewillt, sich mögliche Probleme einzukaufen, da er zu dieser Zeit einige andere „Baustellen“ hatte. Auch mit Delti, dem erfolgreichen deutschen Reifenhändler waren wir in konkreten Verhandlung. Der war zwar sehr interessiert und erkannte die möglichen Synergie-Effekte, doch angesichts seines kurz bevorstehenden Börsenganges war an eine solch spekulative Beteiligung „auf die Schnelle“ nicht zu denken.

Weitere Treffen gab es mit einem russischen Milliardär, einem monegassichen Financier und einer reichen Familie aus Israel, aber es war natürlich unrealistisch in so kurzer Zeit in einer solchen Situation einen neuen Partner zu finden. Daneben konzentrierte sich unsere Hoffnung immer noch darauf, das SAP System zu verbessern und Shri als Partner zu bekommen.

Eine der schillerndsten und auch skurrilsten Begegnungen aber hatten wir auf Anraten eines Geschäftsfreundes mit einem Gewissen Dr. Legma in Graz, er sei - so erzählte man - Meister für Finanzierung und Sanierung, besonders in prekären Situationen. Wir machten uns also auf den Weg zu seinem Domizil nach Graz. In der Innenstadt von Graz residierte Dr.

Legma in einem kleinen Innenstadtpalais; das ganze Haus war voller Geweihe, der Doktor selbst trat im traditionellen Steireranzug auf und hat Hände und Statur eines japanischen Sumo-Ringers. Wir betraten sein Besprechungszimmer, das gut 200m2 groß war und aussah wie ein kleiner Ballsaal. Er fragte uns nach denn Kennzahlen des Unternehmens, bzw. er fragte nur nach einer einzigen Zahl, nämlich den Verbindlichkeiten. Diese beliefen sich auf ca. 7,5 Mio. €.. Er interessierte sich kaum dafür, welche Aktiva diesen Schulden gegenüber standen. Er versicherte uns, er sei in der Lage, uns da rauszuholen. Er empfahl eine radikale Sanierung durch einen außergerichtlichen Ausgleich, er könnte eine Quote von 35% erreichen, also einen Schuldenerlass von zwei Drittel, sprich fünf Millionen Euro. Nach Bezahlung seines Honorar von 15% von der Ersparnis (nämlich 750.000 €), stünde die qentis völlig unbelastet da und könne ihr Geschäft erfolgreich weiterführen – ohne Investor oder zusätzliches Mezzanin-Kapital. Alles kein Problem, er bräuchte nur sofort ein Mandat und könne wenige Tage später anfangen zu arbeiten. Konkrete Referenzen dürfte er aufgrund strengster Geheimhaltung keinesfalls nennen, er ließ durchscheinen, dass sogar zahlreiche renommierte österreichischen Unternehmen, darunter sogar börsennotierte, seine Dienste schon erfolgreich in Anspruch genommen hätten. Der Gedanke, das Unternehmen mit Dr. Legmas Hilfe zu sanieren, war natürlich reizvoll, aber das war einfach nicht unser Stil und auch schien uns das Ganze doch sehr riskant. Der Prozess des außergerichtlichen Ausgleichs könnte misslingen, ob Banken oder gar Steuerbehörden da mitmachen würden, war völlig ungewiss und ein Fehlschlag würde unser Ende bedeuten. Aus heutiger Sicht war es vielleicht ein Fehler, dass wir es nicht auf Dr. Legmas Weise versucht haben. Die Gläubiger wären in dieser Variante auf jeden Fall besser ausgestiegen und wir hätten vielleicht die Möglichkeit gehabt, die qentis weiterzuführen.

Der Wolf

Dr. Wolf war ein weiterer Supersanierer, den ich nur wenige Tag vor der Katastrophe nächtens im Büro der qentis traf, wobei die Chuzpe dieses Herrn seinesgleichen sucht. Dr. Wolf stellte sich mir als absoluten Spitzensanierer vor. Er schlug vor, ein Konzept auszuarbeiten, um die Firma zu sanieren. Meinen Einwand, dass die Firma selbst gewinnbringend sei und eigentlich keine Sanierung, sondern Finanzierung - im schlechtesten Fall Zeit – benötigte, beeindruckte ihn nicht. Es wäre unbedingt notwendig, ein Konzept für eine Sanierung zu erstellen. Er bräuchte aber sicherlich eine ganze Woche, um ein solches Konzept fertig zu stellen. Da er ein guter Freund meines Ex-CFO sei, würde er mir das Konzept zum Freundschaftspreis von nur 60.000 € erstellen. Die Summe müsse natürlich vorab angewiesen werden, fast geschenkt eigentlich, wenn man bedenkt, dass man doch eine ganze Woche daran arbeitet. Und dann? Tja dann sollen wir doch die Runde bei allen Gläubigern machen und Schuldennachlässe erwirken, das müssten wir schon alleine machen, er kenne ja die Leute nicht - na gut, wo er recht hat, hat er recht. Zumindest habe ich mir nicht das Vergnügen nehmen lassen, ihm am kommenden Tag zu erklären, ich hätte einen anderen Berater angestellt, der sei zwar viel teurer aber könnte ein Konzept schon in drei Tagen liefern. Herrn Dr. Wolf ist fast der Hörer aus der Hand gefallen, sofort versicherte er, in 48 Stunden ein Konzept liefern zu können. Vielleicht wartet er ja noch immer auf meine Vorauszahlung und träumt jede Nacht von Sanierungskonzepten für die qentis.

DAS ENDE

Am 16. Jänner gegen Mitternacht rief Shri mich an „you don't forget our meeting, Michael, tomorrow 9 a.m. at your place?". Es kam mir etwas seltsam vor, nie hatten wir so früh ein Treffen und nie war ein einziger Termin pünktlich gewesen, Verzögerungen von ein bis zwei Stunden waren normal. Diesmal sollte es pünktlich sein, naja, vielleicht wollte er ja seinen Notar für die Vertragsunterzeichnung mitbringen...

Am Morgen des 17. Jänner wurde mir recht bald klar, warum er auf pünktliches Erscheinen gepocht hatte: um 08h40 rief mich bereits der Lagerleiter an „Es sind hier ein paar Leute, die wollen was abholen, ich glaub das musst du dir anschauen". Das war etwas untertrieben, denn im Hof standen fünfzehn Sattelschlepper und das verhieß nichts Gutes. Im Lager war Shri, sein Chefbuchhalter, fünf weitere Mitarbeiter seiner Unternehmen und etwa zehn Mitarbeiter einer Spedition. „Michael, we will not make the deal, here is an invoice for late payement charges (0,5 mio US$), we cancel our initial investment (die 1,5 Mio € Gutschrift), all invoices are due and payable NOW and I want my goods back". Nun ja, er hatte einen Eigentumsvorbehalt auf seine Waren, aber eines war klar, wenn er das hier wirklich durchziehen würde, dann wäre dies das Ende der qentis. Shri sah nicht so aus, als würde er sich aufhalten lassen, seine Kollegen und die zehn Typen von der Spedition wollten sofort mit dem Verladen beginnen. Ich empfand das ganze als Überfall. Ich bat um einige Minuten, um meinen Anwalt anzurufen, doch der meinte, man könne eigentlich kaum etwas machen, da es für diese Ware einen Eigentumsvorbehalt gäbe. In dieser Minute wusste ich, dass dies das Ende war. Shri hatte wohl schon einige Zeit lang nicht mehr vorgehabt, zu investieren, offensichtlich hat er die Nerven verloren, oder Kahn hat ihm einen Strich durch die Rechnung gemacht. Die Sattelschlepper, die Unterlagen, die er mithatte, das musste ja geplant und organisiert werden. Ich erklärte Shri, er könne nur genau jene Waren mitnehmen, die tatsächlich nicht bezahlt waren. Die Buchhaltung prüfte das im Moment - meine letzte

Hoffnung - ich konnte noch nicht genau abschätzen, wie viel nun tatsächlich unbezahlt war. Um ca. 11h00 war es aber klar, und es war zuviel. Hunderte Artikel davon waren bereits in eBay-Auktionen eingestellt oder verkauft, es war ein Großteil der Artikel, die wir laufend verkauften. Es war also endgültig gelaufen. Ich gab Anweisung, alle laufenden Auktionen zu stoppen (wegen der zwölf Stunden Regel konnten nicht alle sofort gestoppt werden), weiters das Auctionweb abzuschalten, die Banken wurden angewiesen keine Zahlungen mehr anzunehmen. Der Versand von Paketen musste ebenfalls sofort gestoppt werden, andernfalls hätten wir GLS dadurch weiter geschädigt. Anschließend musste ich die Mitarbeiter informieren, kein einfacher Schritt. Jeder einzelne war wirklich Spitze, das Arbeitsklima bei der qentis war bis zuletzt einmalig, in achtzehn Jahren Selbstständigkeit habe ich nie zuvor ein so sympathisches und motiviertes Team gehabt. Wir waren wirklich wie eine große Familie; in diesem Sinne auch noch mal danke an alle! Jedenfalls teilte ich den Mitarbeitern mit, was passiert war und das dies vorerst das Ende des Betriebs sei, was weiter passieren würde, müsse dann der Masseverwalter entscheiden. Ein Beantworten von E-Mails hatte an sich keinen Sinn mehr, wir haben auf unseren Websites einen Standardtext veröffentlicht, der die Kunden über die Lage informierte. Anschließend begaben wir uns zu unserem Anwalt und verfassten den Konkursantrag; am kommenden Tag wurde dieser bei Gericht eingebracht. Gegen 19h00 war Shri mit dem Verladen fertig. Wir waren leider ebenfalls fertig – endgültig.

KONKURS

Der 18. Januar 2006 war definitiv nicht mein Tag: am Vormittag wurde der Konkursantrag offiziell eingebracht und langsam sprach sich die Nachricht herum. Nach und nach wurde ich von Gläubigern und Banken angerufen, aber deren Reaktionen waren ganz anders, als erwartet. Ich dachte man würde uns beschimpfen, bedrohen, was auch immer, das Gegenteil war aber der Fall, jedem Tat es leid, es war wie, wenn ein guter Bekannter stirbt, man weiß nicht genau, was man sagen soll. Viele Gläubiger, die selbst einen Haufen Geld verloren haben, fragten mich an diesem Tag, ob sie was für uns tun oder uns helfen könnten, es war eigenartig. Einige haben uns besucht, wollten wissen was nun passiert, was wir weiter machen usw. Selbst in China hatte sich die Nachricht verbreitet und mehrere Lieferanten haben mich schon in den frühen Morgenstunden angerufen; auch hier waren die meisten optimistisch, es würde uns wieder was Neues einfallen, man solle in Kontakt bleiben. Bei mir selbst stellte sich ein neues Gefühl ein. Ich war wieder etwas freier, ich konnte klarer denken, auch meine Verkühlung - ich hatte bereits die letzten zwei Wochen dauernd Fieber - war besser, in den letzten Wochen gingen die Gedanken nur im Kreis, plötzlich war mein Gedankenraum erweitert, es war nun alles verloren, also konnte es nur besser werden. Doch mein gesunder Optimismus wurde auf eine harte Probe gestellt. Zu Mittag verlor ich eine Schneidezahn-Krone, am Nachmittag hatte ich einen Wasserschaden zu Hause, meine halbe Wohnung war mit Abwässern überschwemmt. Und am späteren Abend sagte mir meine neue Flamme die bereits gebuchte und bezahlte Thailandreise ab. Ein Unglück kommt selten allein.

Am nächsten Tag war die Sache in den Medien und ich war überrascht, wie groß unser „media coverage" war: Heise.de, der Spiegel, die FAZ, NTV. Profil, Handelsblatt, der ORF, der Standard, Kurier, Krone, Wirtschafsblatt, Le Monde, BBC, TV5 - wir waren überall, mein Telefon lief ununterbrochen, Journalisten wollten wissen, warum und wie, was passiert mit den Kunden und und und.

Die Berichterstattung ließ einen neuerlichen Hoffnungs-schimmer bei uns aufglimmen. Könnte es doch noch eine Rettung für die qentis geben? Schon am nächsten Tag trafen bei der qentis eine ganze Riege österreichischer Staranwälte zusammen, jene der Banken, die uns Mezzaninkapital und Kredit gegeben hatten, unser Anwalt und ein unabhängiger Berater und Sanierungsexperte, den eine Bank bestellt hatte. Plötzlich schien vieles wieder in den Bereich des Möglichen zu rücken, mehr Kredite, längere Laufzeiten bzw. Rückstellungen für die alten Verbindlichkeiten. Das eBay Geschäft war aber vorbei, unsere eBay-Konten ein für alle Mal zerstört. Es war nicht einfach, das den Herren zu erklären, aber 24 Stunden nach der Nachricht der qentis-Insolvenz waren die Foren ja bereits voll von Hasstiraden über die qentis und mich, eine Weiterführung des Geschäfts war undenkbar, so zerschlugen sich diese Hoffnungen leider sehr rasch.

RUHE NACH DEM STURM

Drei Tage nach Konkurseröffnung erschien der Masseverwalter, ein sympathischer Typ. Ich hatte ja keine Ahnung, was wir nun zu erwarten hatten, aber seine ruhige und gelassene Art beruhigte mich vorerst einmal. Er sah sich das Ganze an, klärte in längeren Gesprächen mit meinem Partner und mir, wie es zu dieser Situation gekommen war und bildete sich offensichtlich rasch eine Meinung von der Lage. Da er erkannte, dass bei diesem Konkurs keinerlei Absicht oder Fahrlässigkeit involviert war, konzentrierte er sich darauf, die doch relativ komplexe Angelegenheit, möglichst professionell und zügig abzuwickeln. Dabei kooperierte wir voll mit ihm und versuchten, für die Gläubiger und Mitarbeiter noch zu retten, was zu retten war.
Er beendete den Betrieb und entließ die Mitarbeiter. Ein Notteam von 4 Leuten wurde zusammengestellt um die Buchhaltung und die IT zusammenzuhalten. Er informierte den Vermieter darüber, dass wir nicht ausziehen und die Leasingfirma, dass die Raten nicht mehr bezahlt würden, sie

aber dennoch nichts abholen könnten. So macht man das. Dann fuhren er, mein Anwalt und Davies auf Urlaub, ich musste in Wien bleiben, damit zumindest einer vor Ort ist.
Das war keine angenehme Zeit für mich, im Großen und Ganzen war ich mit der Situation recht allein, aus dem Unternehmen gab es niemanden, der mir zur Seite stand, Freundin hatte ich nicht und die Anzahl meiner Freunde nahm auch rapide ab, jene die blieben, konnten mit der Situation herzlichst wenig anfangen. Obendrein hatte ich keinerlei Geld, ein paar hundert Euro, die ich zu Hause hatte und das wars. Durch den Wasserrohrbruch hatte sich in meiner Wohnung ein Pilz ausgebreitet und ich bin dadurch auch noch krank geworden. Nach einem Erstickungsanfall musste ich ins Spital, erst dann habe ich den Zusammenhang zwischen Pilzen, Stress und Atembeschwerden verstanden... aus der Wohnung musste ich daher auch raus, sowieso werde ich sie mir bald nicht mehr leisten können. In dieser Zeit beschloss ich, meine geschäftliche Karriere endgültig zu beenden. Meine persönliche Bilanz der letzten vier Jahre war ebenso konkursreif, wie jene der qentis:

- vier Jahre lang permanent über zwölf Stunden am Tag gearbeitet
- drei Wochen Urlaub in vier Jahren
- keine Freundin
- kein freies Wochenende, weil ich jedes Wochenende arbeitete
- kaum Zeit für meinen Sohn
- keine Zeit, meine Mutter zu sehen
- keine Fortbildung
- fünfzehn Kilo zugenommen
- keine Kondition
- kein Auto
- kaum ein neues Kleidungsstück in den letzten Jahren angeschafft
- meine Wohnung verwahrlost
- meine Freundschaften kaum gepflegt
- meine Augen sind um drei Dioptrien schlechter geworden
- Rückenschmerzen
- keine Kreditkarte
- 650.000 € Schulden bei Banken
- existenzielle Angst vor den Folgen des Konkurses

Durch den Konkurs war ich erwartungsgemäß an meinem persönlichen Tiefpunkt angekommen. Das ganze Geschäftstreiben, das mir so gut gefallen hat, das ich achtzehn Jahre betrieben habe, kam mir völlig sinnlos vor. Ich hatte keinerlei Motivation, da wieder einzusteigen. Außerdem war die Kosten/Nutzen Rechnung einfach nicht zu rechtfertigen, ich habe mindestens hundert Arbeitsplätze geschaffen (ohne die chinesischen Arbeitern mitzuzählen), habe mich selbst ausgebeutet um eine Firma aufzubauen, habe mir selbst am wenigsten von allen bezahlt, um am Ende über eine halbe Million Euro Schulden zu haben und den Spott der ganzen Stadt. Hat sich irgendwie nicht ausgezahlt.
Aber irgendwie musste ich ja weiter. Vorerst war ich aber noch einige Monate mit der Abwicklung des Konkurses beschäftigt.

ABWICKLUNG

Als erstes mussten dringend die eBay Kunden irgendwie beruhigt werden, da diese die Kanzlei des Masseverwalters schwer beschäftigten. Aus ganz Europa trafen beim Masseverwalter E-Mails, Schreiben und Anrufe von Kunden, die ihre Ware wollten, ein. Insgesamt konnten 2300 Artikel nicht mehr ausgeliefert werden. Das mag sehr viel erscheinen, tatsächlich ist es aber nur die Liefermenge von etwa 2,5 Arbeitstagen, also der normale Durchlauf für Bestellungen bei der qentis. Gemeinsam mit eBay und PayPal wurde beschlossen, alle Kunden proaktiv anzuschreiben, um ihnen möglichst schnell Schadenersatz aus dem Käuferschutzprogramm zukommen zu lassen. Wir haben also eine Liste der geschädigten Kunden erstellt und sie eBay übermittelt, so konnten fast 80% der Kunden zufrieden gestellt werden. Hart traf es vor allem jene, die teure Artikel gekauft hatten, denn der Käuferschutz deckt nur Einkäufe bis 275 € ab, alles darüber (der teuerste Artikel bei der qentis war ein Zahnarztsessel um 17900 €) war nicht versichert.
Weiters bat uns der Masseverwalter, ihn zu unterstützen, einen Kunden für den gesamten Laden zu finden, am besten einen

anderen Powerseller. Es kamen dann auch einige angereist, aber die hatten alle das gleiche Problem, wie die qentis: sie konnten zwar alles verkaufen, hatten aber kein Kapital. So wurde entschieden, das gesamte verbliebene Warenlager der qentis (das inzwischen durch Eigentumsvorbehalte, etc. schon erheblich dezimiert war) in einer groß angelegten Industrieauktion durch die Firma Karner, einem Spezialisten auf diesem Gebiet, versteigern zu lassen. Insgesamt mussten 150.000 Artikel in ca. 4.000 Lots versteigert werden. Karner bewarb die qentis-Auktion im Radio, sowie in allen größeren Tageszeitungen in und um Wien. Am ersten Tag der Auktion fanden sich dann fast 2.000 Leute in der Auktionshalle neben unserem Firmenstandort ein. Die Auktion war perfekt organisiert, in Windeseile wurden die Waren versteigert - Kaffeemaschinen, Drehbänke, Mopeds, Duschen, Skelette, Boxen, Brunnen, Möbel. Die Auktionen dauerten manchmal nur wenige Sekunden und nach Ende jeder Auktion konnte der Höchstbietende entscheiden, wie viele Artikel er für den Preis haben wollte. So gelang es, fast alle Waren loszuwerden. Das für mich erstaunliche waren die enorm hohen Preise, die erzielt wurden, so manche Kaffeemaschine die im Laden 19 € kostet ging hier um 35 € plus 15% Auktionsgebühr und 20% Mehrwertsteuer weg, ein irrer Preis.
In dieser Zeit bezahlte mir der Masseverwalter noch ein kleines Gehalt aus, da ich mit der Abwicklung doch recht beschäftigt war und eine Abwicklung ohne unser Wissen wohl schwierig gewesen wäre. Ende April war dann der erste und bisweilen einzige Gerichtstermin in der Sache qentis-Konkurs. Anwesend waren einige Journalisten, die Anwälte der Banken, sowie Schuldnervertreter. Die Verhandlung dauerte nur ca. fünfzehn Minuten, damit war für mich der qentis Konkurs formal vorerst einmal (bis zur abschließenden Tagsatzung) erledigt.

FORDERUNGSKÄUFE

Für die Kredite bei den Banken hafteten die beiden qentis Geschäftsführer Davies Guttmann und ich natürlich so, wie bei fast allen GmbHs, persönlich mit, wenngleich wir den Banken auch von Anfang an erklärt hatten, dass unser gesamtes Vermögen lediglich die Beteiligung an unserer Firma qentis war. Wir hatten alle Gewinne der vergangenen Jahre in das Wachstum unseres Unternehmens gesteckt und selbst kaum jemals ein Gehalt entnommen). Das ist natürlich eine verständliche Maßnahme der Banken, aber im Ernstfall kann dies auch das Ende der geschäftlichen Existenz bedeuten. Meine persönlichen Haftungen lagen insgesamt bei ca. 650.000 € bei drei verschiedenen Banken. Nun sind die Mitarbeiter der Banken einerseits keine Unmenschen, aber andererseits sind Banken auch keine karitativen Einrichtungen. Zumindest zwei der drei Banken haben mir bereits bei einem ersten Gespräch signalisiert, wenn wirklich kein Privatvermögen vorhanden sei und sie nicht das Gefühl hätten, über den Tisch gezogen worden zu sein, dann würden sie Gnade walten lassen, anstatt uns in einen sinnlosen Privatkonkurs zu treiben. Natürlich befürchteten die Banken in einem solchen Fall, dass die Schuldner einen Privatkonkurs anmelden müssten, was ihnen im Normalfall lediglich zu einer Quote von maximal 10% über mehrere Jahre verhelfen würde, andererseits aber würde es auch uns sieben Jahre lang die Möglichkeit nehmen, einen normalen Job zu bekommen. Meinem Anwalt gelang es im Laufe mehrerer Monate zumindest zwei der drei Banken davon zu überzeugen, Forderungen von insgesamt 400.000 € zu einem Bruchteil des Gesamtbetrages zu verkaufen, da es unrealistisch war, die gesamte Summe jemals von mir erhalten zu können. Ein guter Freund von mir kaufte freundlicherweise die Forderungen und verhinderte somit für mich mal das Schlimmste. Mit der dritten Bank konnte bis heute leider noch keine Einigung erzielt werden.

EIN JAHR DANACH

Im April 2006 war ich an einem echten Tiefpunkt angelangt und es war klar, dass ich nun einiges an meinem Leben ändern musste. Ich habe damals eine Liste mit all jenen Dingen, die ich verändern wollte und mit all jenen, die ich immer schon machen wollte erstellt - Vorraussetzung sie kosten (fast) nichts. Das war Einiges: im Juni 2006 habe ich begonnen, täglich Astanga-Yoga zu praktizieren, parallel dazu habe ich das Rauchen aufgegeben sowie Wing-Tsun, NLP und Hypnose zu erlernen. Im Laufe eines Jahres habe ich gut fünfzehn Kilo abgenommen, bin so fit, wie seit zehn Jahren nicht mehr und hatte Zeit, fast hundert Bücher zu lesen und unzählige Filme anzusehen. Gelebt habe ich in den letzten paar Monaten von dem kleinwenig Geld, das ich für den Verkauf dieser Buch-Story erhalten habe. Viel war es nicht, aber es hat gereicht, um mich halbwegs über Wasser zu halten. Beruflich habe ich dort angeknüpft, wo ich eigentlich am Anfang des eBay Geschäfts weitermachen wollte. Ich arbeite als Künstler, das bringt zwar kein Geld, aber es ist genau das, was ich jetzt tun möchte.

Das eigene qentis Lager hatte knappe 4.000 m2 Fläche und Platz für 10.000 Paletten mit Ware. Alle Pakete, die mit Kurierdienst oder Post versendet wurden, waren hier gelagert. Weitere 10.000 Paletten mit größeren Artikeln lagerten bei diversen Speditionen, die diese in ganz Europa auslieferten.

Die Plannung der eigenen Lagerlogistik dauerte mehrere Monate; immerhin musste gewährleistet werden, dass innerhalb eines Tages bis zu 2.000 verschiedene Artikel gefunden, komissioniert und wieder eingelagert wurden.

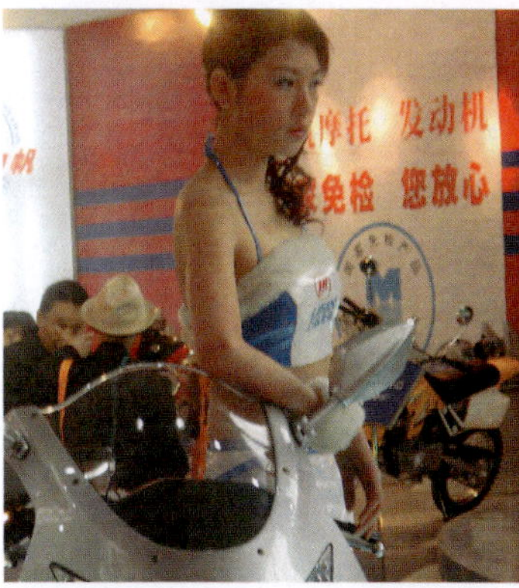

Eine Motorradmesse in Chongching, einer 35 Mio. Einwohner Stadt in Zentralchina. Leider war es auf der Messe so laut, dass kein einziges Gespräch geführt werden konnte, doch zumindest der visuelle Teil passte...

Chongching ist Chinas Zentrum für Schwerindustrie, wie Stahl, Aluminium, Automobile, Reifen und Industriemaschinen. Die Stadt ist unweit des Drei Schluchten Staudamms, der die stark wachsende Industrie der Umgebung mit Energie versorgen soll.

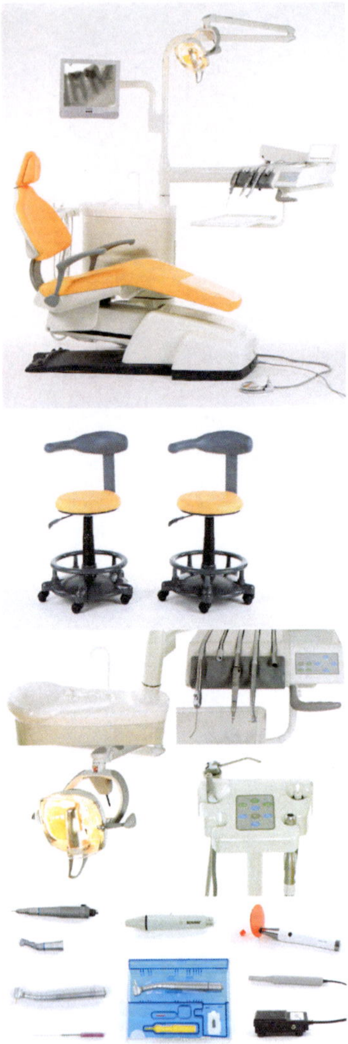

Das teuerste qentis Serienprodukt, um 16.900 €, eine komplette zahnärztliche Behandlungseinheit. Sessel und Gestänge aus China, Spültechnik und Elektronik aus den USA, Bohrer und Feinmechanik aus Italien und Japan. Die Qualität war beeindruckend, mehrere Einheiten wurden nach England verkauft.

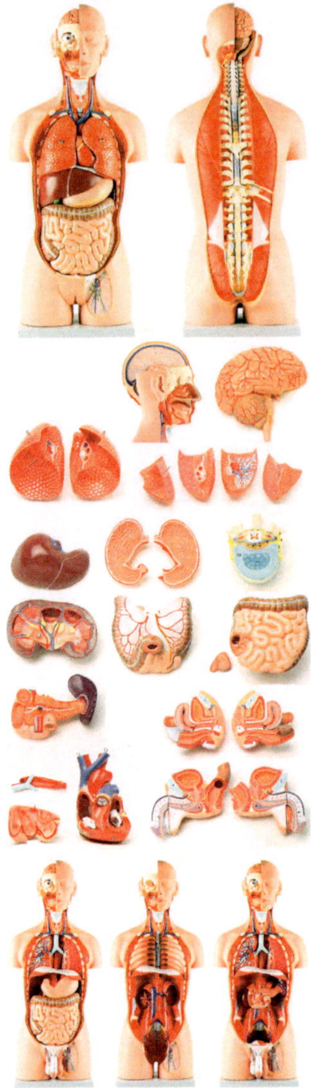

Vor allem ausgefallene Produkte generierten hohe Margen. Dieser nach italienischen Formen gebaute Torso, kostet in China ca. 400 USD und wurde in Europa um ca. 800 Euro verkauft. Allerdings wurden damit die Rechte der italienischen Designer verletzt so, dass wir den Artikel wieder vom Markt nehmen mussten.

Innerhalb von drei Jahren entwickelten wir fast 250 verschiedene Produkte unter dem Markennamen Hyundai; darunter auch das schwerste qentis Produkt, der Gabelstapler, zahlreiche Werkzeuge, Industriekompressoren (rechts oben), Drehbänke (rechts), Plattenrüttler (rechts unten), Studioblitze (unten) sowie viele Audio und Hifi Produkte (ganz unten).

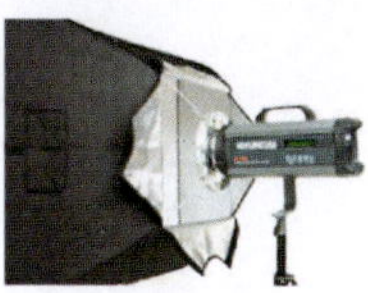

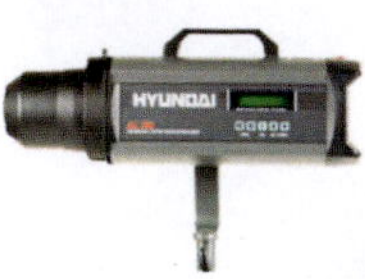

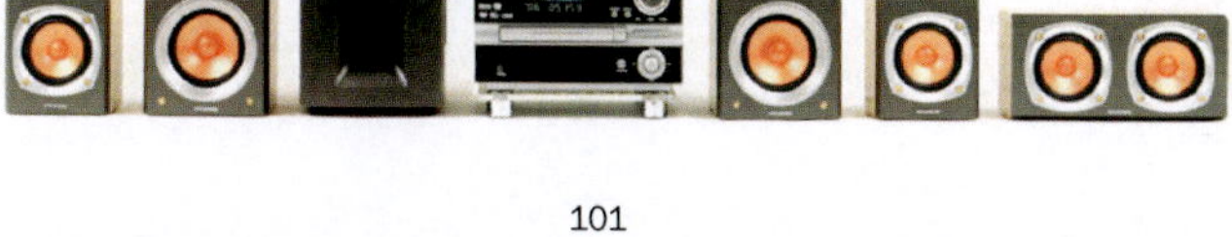

Grosses Spektrum: da der Umsatz mit einem bestimmten Artikel begrenzt war, wurde das Wachstum durch Produktvielfalt erzielt; über 500 verschiedene Artikel wurden von der qentis in Fernost produziert, weitere ca. 500 Markenartikel eingekauft und vertrieben.

Fast 200 kg wiegt dieser Junwei-Feng Shui Brunnen, dessen Wanne aus massivem Marmor besteht. Der Artikel war ein Hit, obgleich der Transport in Europa das doppelte des Einkaufspreises von 200 US$ ausmachte.

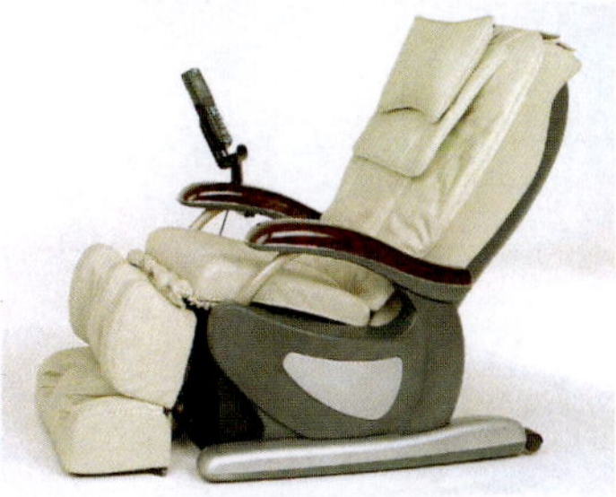

In Europa noch nicht so verbreitet, aber in Asien sehr beliebt und verbreitet; als wir mit dem Verkauf von Massagesesseln anfingen, gab es gerade mal acht Angebote, heute sind es bereits 350.

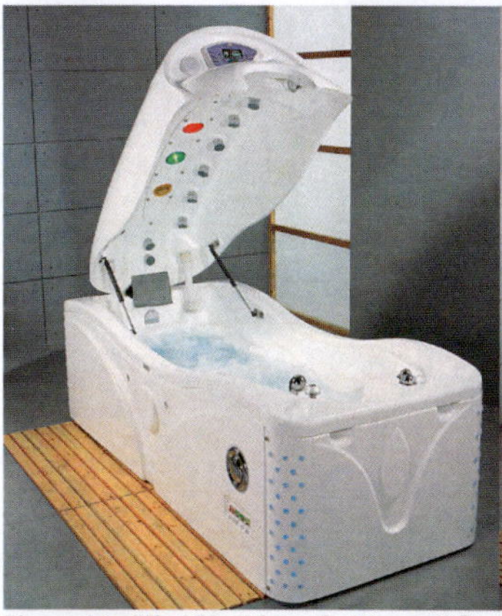

Eine echte Mind-Machine: die Wanne läßt sich zuklappen, spielt Musik, erzeugt Dampf und eine Lichtshow.

Einer der größten Artikel der qentis: mehr als 200 davon wurden in zwei Jahren verkauft.

1400 mm Matsukov Teleskop mit elektrischer Steuerung: obgleich der Artikel günstig und gut ist, war er kein Verkaufshit.

Fast 3000 dieser Anlagen aus Japan wurden angekauft und für uns in Osteuropa vom alten Kühlmittel R22 auf das neue r407c umgerüstet um Sie in Europa in den Verkehr zu bringen - ein gutes Geschäft.

Dotera: Die Motormarke der qentis, über 2.000 Fahrzeuge wurden innerhalb von zwei Jahren importiert und verkauft, allerdings nicht ohne Probleme; neben Garantie und Wartung war die Anmeldung in verschiedenen europäischen Ländern sehr problematisch.

VISP: die erfolgreichste Eigenmarke der qentis. Prunkstück dieser Sportartikel-Linie waren die zahlreichen, selbst designten Fahrräder. 43 verschiedene Modelle wurden von der qentis entwickelt, gestaltet und in China assembliert.

Ein besonderer Renner war zu Beginn der racer26, das günstigste Einsteigermodell unter den Rennrädern. Seinen Modellnamen verdankt er übrigens seinem Produktionspreis von 26 US$. Inklusive Transport, Zoll, Logistik und Finanzierungskosten lag der Einkaufspreis bei 49 €, die Verkaufspreise waren dreistellig.

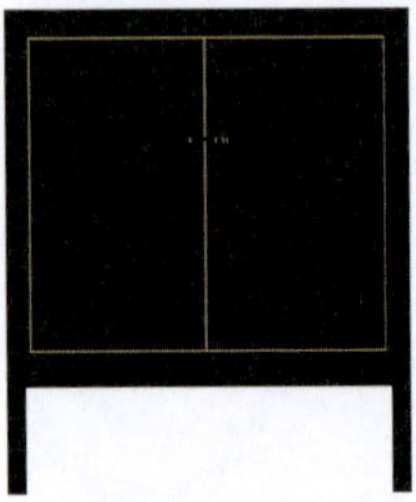

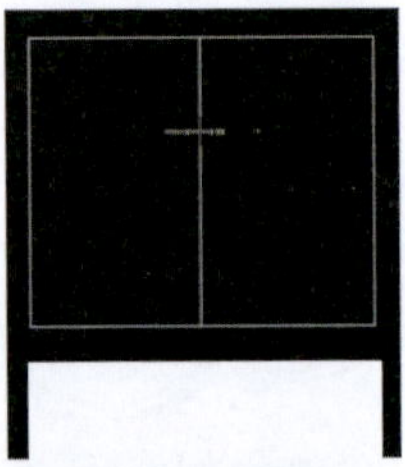

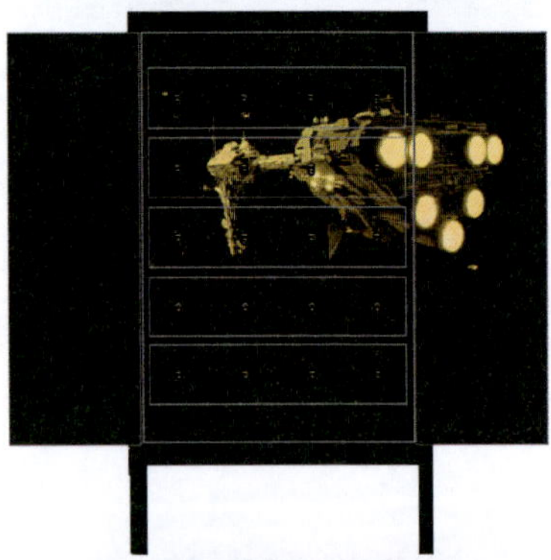

Auch nicht mehr realisiert: die qentis plante Möbel in Lizenz von Star Wars für die nun etwas ins Alter gekommene Star Wars Fangemeinde. Vorteil am eBay Marktplatz: "Star Wars" ist einer der häufigsten Suchbegriffe.

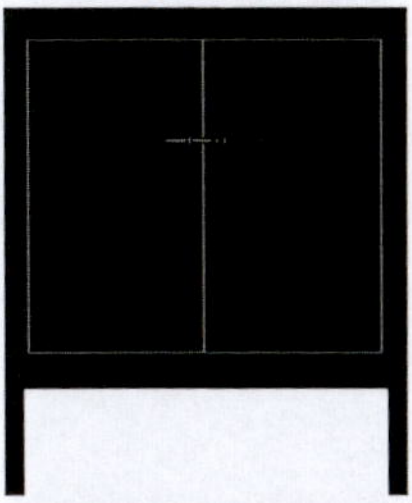

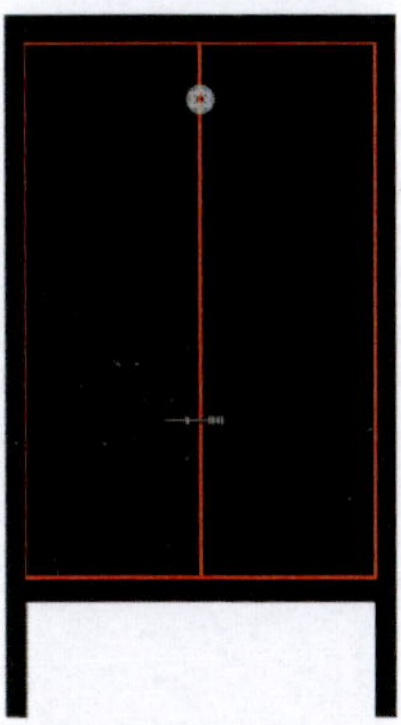

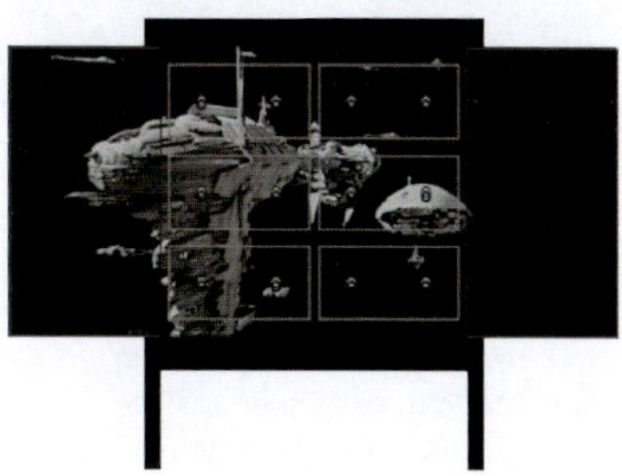

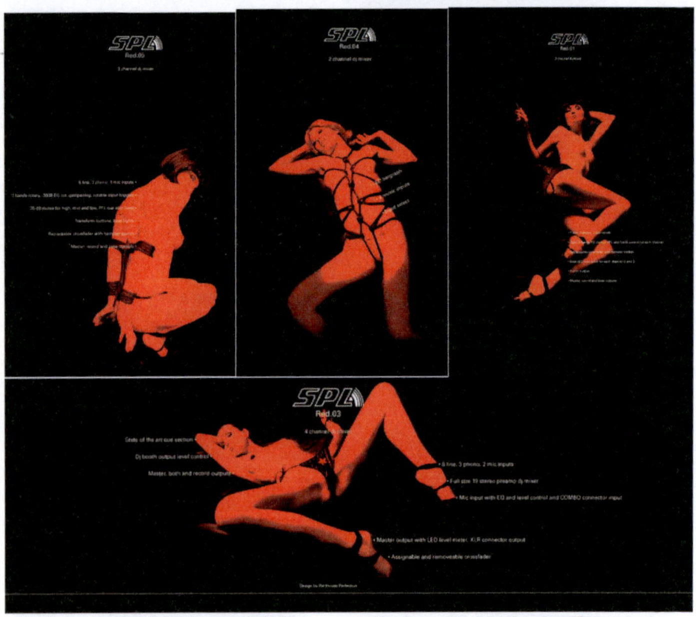

Nicht mehr realisiert: speziell für das männliche Publikum aus der Tuning-Szene wurde eine ganze Linie von Auto und DJ Hifi mit erotischen Darstellungen in Auftrag gegeben. Oben zu sehen, die Verpackungen von fünf Auto-Hifi-Verstärkern.

Jedes Modell dieser SPL-Verstärker-Linie hatte auf der Frontplatte einen eigenen "Motivationsschub".

GREENADE

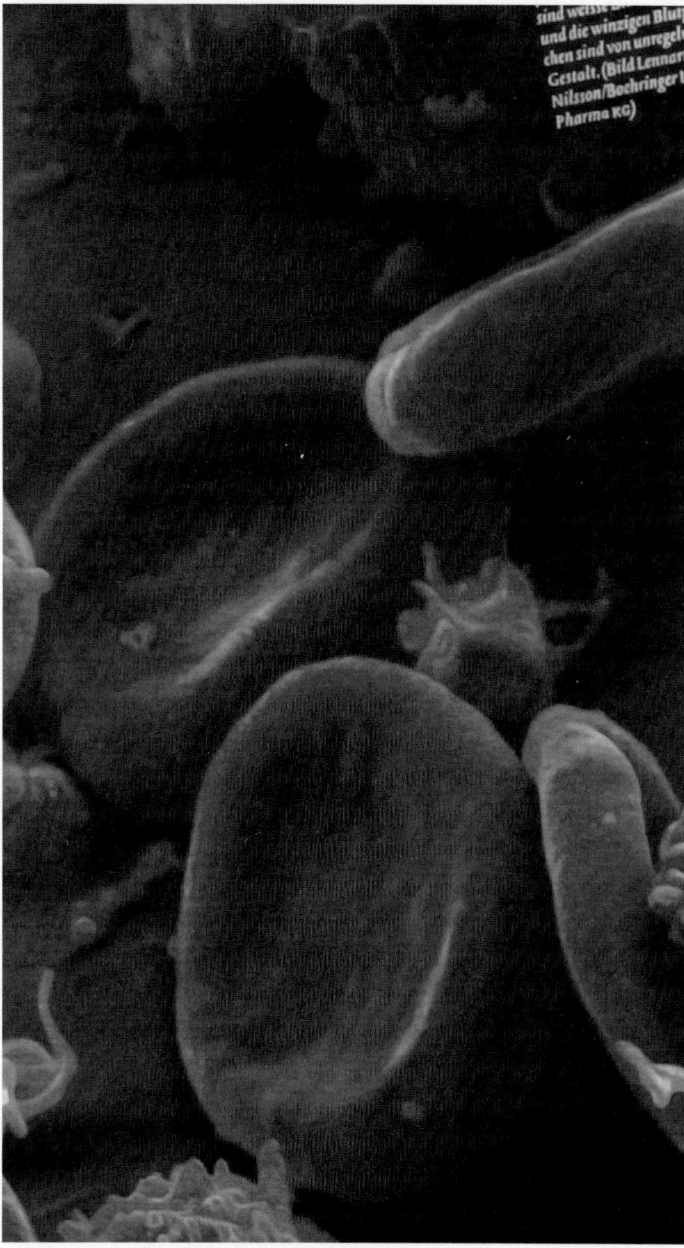
sind weisse
und die winzigen Blutp
chen sind von unregelm
Gestalt. (Bild Lennart
Nilsson/Boehringer In
Pharma KG)

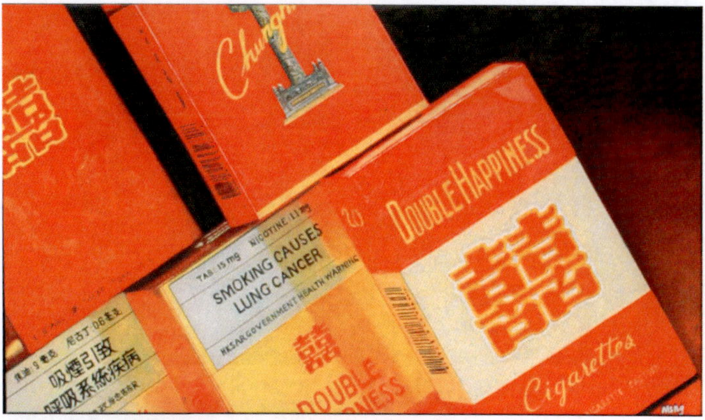
DOUBLE HAPPINESS
Cigarettes
TAR: 15 mg NICOTINE: 1.1 mg
SMOKING CAUSES
LUNG CANCER
吸煙引致
呼吸系統疾病
DOUBLE

Einige der Gemälde aus dem Projekt 1001 der qentis, die Bilder wurde von Michael Marcovici ausgesucht und in China, von Professoren und Schülern des Xiamen Institute of Arts in Öl gemalt, alle Bilder sind Einzelstücke.
links: die qentis Galerie in Wien.

Beide Schmutzwasserpumpen kommen aus der gleichen Fabrik. Anfangs produzierten wir mit der Marke qentis, später in Lizenz von Hyundai. Der erzielbare Verkaufspreis konnte dadurch mehr als verdoppelt werden.

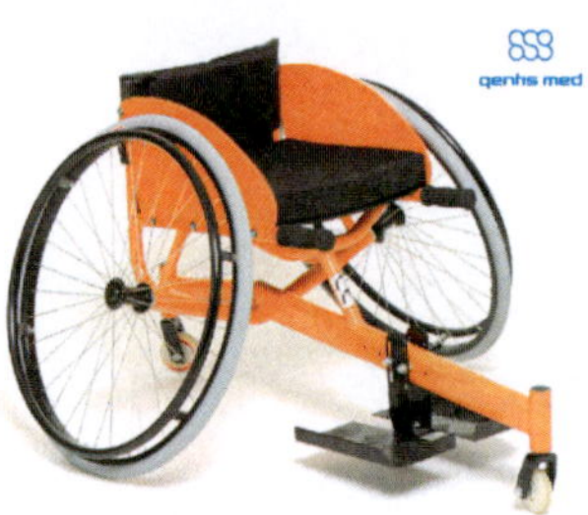

Das strenge Medizingesetz in Deutschland machte es leider unmöglich für die qentis, das Produkt auf den Markt zu bringen, wir hätten es um 298 € anbieten können, am Markt kostet ein solcher Sport-Rollstuhl derzeit fast 1.000 € !.

Mit solchen verschraubbaren Schuko-Adaptern, welche auch die für England vorgeschriebenen Sicherungen hatten, konnten wir, völlig legal, kontinentaleuropäische Geräte am britischen Markt verkaufen.

Diese Nachtsichtgeräte hielt das österreichische Verteidigungsministerium vorrübergehend für potentiell gefährliches Kriegsmaterial.

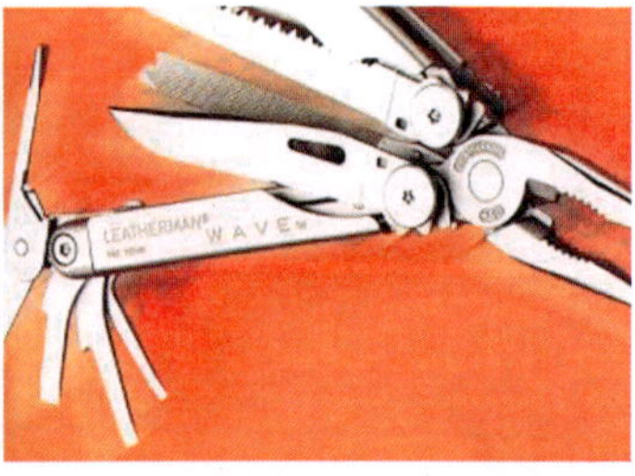

Damit hat alles begonnen: der klassische Leatherman wave - unser Einstieg in die Welt von eBay.

Perfekte Fotos: am Bild ist ein sehr billig in China produzierter Meissel zu sehen, Einkaufspreis ca. 20 €. Ein perfektes Produktfoto steigert den Verkaufspreis erheblich; durch das bessere Bild konnte der Verkaufspreis von 49 € auf 79 € gesteigert werden!

Eine Sonderanfertigung von Streichinstrumenten - speziell für das Mozartjahr - konnte leider, aufgrund des jähen Endes der qentis, nicht mehr realisiert werden.
Das Mozartjahr fand trotzdem statt.

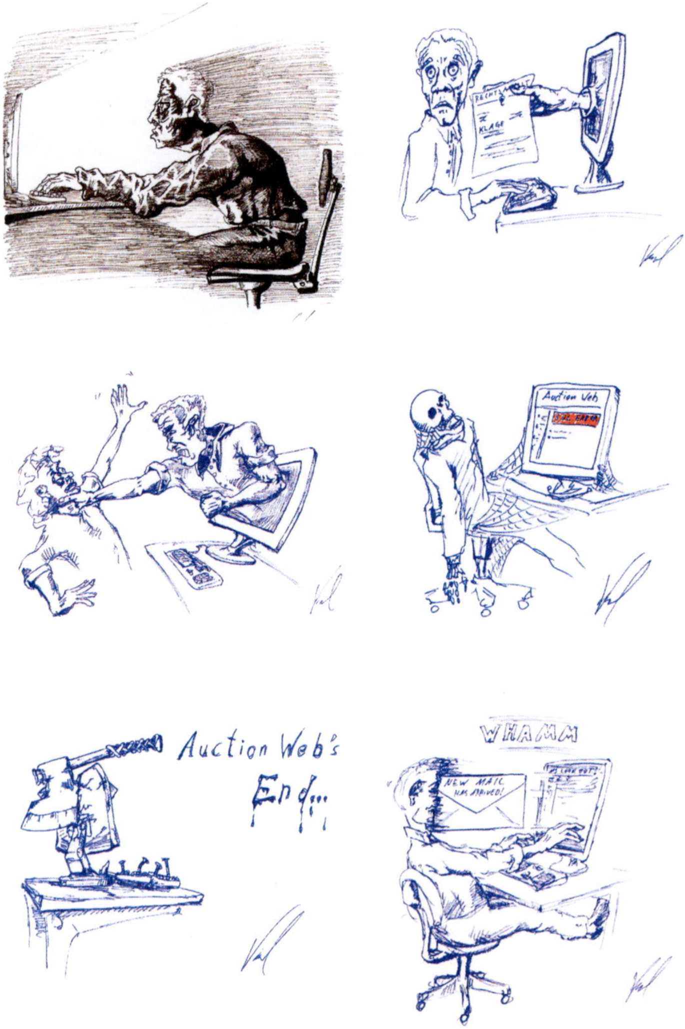

Die Karikaturen unseres customer care Mitarbeiters Eugen Karel sagen mehr als tausend Worte: Arbeitsalltag bei qentis, langsames Auctionweb, Anwaltsbrief, zu viele E-Mails, Auctionweb steht, aufgeregte Kunden, Nachtsschicht.

TEIL 2:

PROBLEME UND FALLEN, MIT DENEN WIR ZU KÄMPFEN HATTN UND TIPPS, WIE MAN ES BESSER MACHEN KÖNNTE.

VORSICHT, DASS DAS VERKAUFEN AUF EBAY NICHT VON EINEM TRAUM ZU EINEM ALBTRAUM WIRD;
ODER:

WIE KILLE ICH EINEN POWERSELLER?

Das Geschäft boomte, 800 Transaktion am Tag, über einen Million Euro Umsatz pro Monat, 25 Angestellte, und viele neue Themen standen nun täglich an, mittlerweile waren wir weltweit die umsatzstärksten Verkäufer am eBay-Markt. Wir verkauften mit verschiedenen Accounts in England, Frankreich, Deutschland, Italien, Belgien, Niederlanden, Schweiz, Österreich, und Spanien. Jeden Tag bewältigten wir über 7.000 E-Mails, die eBay-Gebühren betrugen bereits ca. 70.000 € pro Monat. Um die Ware unterzubringen haben wir knapp außerhalb Wiens das ehemalige Mitteleuropalager von Lego angemietet. Für jeden Verkaufsmarkt gab es ein eigenes kleines Team. Wir waren ein ausgewachsenes Unternehmen mit Top Ratings, wir hatten nun mehr Kredit und wir expandierten in alle Richtungen, aber es war ein täglicher Kampf. Denn immer wieder wurden wir von verschiedenen Seiten angegriffen, manche der Attacken waren harmlos aber manche waren existenzbedrohend.

Die Idee der eBay-Versteigerungen und der daraus entstandene riesige Markt sind faszinierend. Der Verkauf auf eBay ist ein spannendes und attraktives Geschäft. Doch wer sich, insbesondere in größerem Stil, auf dieses überaus glatte Parkett wagen will, der sollte vor den vielen möglichen Fehlern und Fallen Acht geben.

KÄUFERSCHUTZ ÜBER ALLES

eBay ist hinlänglich für seinen besonders guten Käuferschutz bekannt. Nur keine „troubles“ mit schlitzohrigen Anbietern, nur keine negative Presse über Betrug und Abzocke an eBay-Kunden. Es ist wohl kein Zufall, dass der weltweite Sicherheitschef von eBay, der Herrscher über das so genannte „safe harbour Department“, angeblich ein ehemaliger FBI-Mann ist. Bei diesem Konzern scheint es manchmal so, als ob das Aufpolieren des „Saubermann“ Images einen höheren Stellenwert hätte, als das business-development.

„Käuferschutz über Alles“ heißt die Devise; immer die Rechte des kleinen Mannes wahren klingt doch gut, da denkt man ja fast an Robin Hood, doch wer schützt die Rechte der Verkäufer? Verkäufer, die sich irgendwie verdächtig benehmen, aus der Reihe tanzen, oder auch nur den Eindruck erwecken, es könnte ein Problem entstehen, werden gnadenlos verwarnt, „delisted“, gesperrt oder vom Handel ausgeschlossen. In einer rigorosen Selbstjustiz entfernt eBay alle Verkäufer, die gegen die heiligen „eBay-rules“ verstoßen oder zu verstoßen scheinen. Mehr als nur einmal wurden Verkäufer an den Pranger gestellt, denen letztendlich gar keine Schuld bewiesen werden konnte. Hier endet die Mähr vom vollkommenen, total transparenten Vorzeige-Markt eBay.

Aber sind es nicht letztendlich die Verkäufer, von denen eBay lebt? Die eBay-Gebühren werden ja nicht von den Käufern, sondern ausschließlich von den Verkäufern bezahlt. Warum wird dann ein Powerseller, der zigtausend Euro an monatlichen eBay-Gebühren bezahlt, genauso gut (oder schlecht) behandelt, wie die allerkleinsten Verkäufer? In der Privatwirtschaft ist es doch sonst einfach üblich und normal, dass die Großkunden besonders gehegt und gepflegt werden.

Nun, ich will mich hier nicht den kursierenden Verschwörungstheorien anschließen, dass es sich bei den eBay-Entscheidungsträgern nicht um Lebewesen, sondern um Roboter handelt; wenngleich ich schon bestätigen kann, dass sich führende (lebende) Mitarbeiter immer wieder mit Ausreden

auf beschränkte Kompetenz und Zuständigkeit aus der Verantwortung ziehen, so dass man bisweilen den Eindruck hat, sich in einem modernen Kafka-Roman zu befinden. Ich glaube vielmehr, dass das wirtschaftliche Kalkül von eBay nur auf die Käufer ausgerichtet ist und zwar aus folgendem Grund: eBay lebt zwar direkt von den Verkaufsgebühren, diese entstehen aber nur durch die Nachfrage der Käufer und wenn es einen Verkäufer nicht mehr gibt, so kauft der Kunde einfach beim nächstbesten Verkäufer ein und der eBay-Umsatz bleibt gewahrt. Wenn aber manche Käufer verärgert oder abgeschreckt werden und sich von eBay zurückziehen, dann fällt dieser Umsatz einfach weg.
Abgesehen davon zeigen Statistiken, dass in den letzten zwei Jahren die Zahl der Verkäufer stärker ansteigt als die Zahl der Käufer.

DIE RACHE DER UNZUFRIEDENEN KÄUFER

Bei tausenden eBay-Transaktionen pro Monat kommt es natürlich unweigerlich dazu, dass es immer wieder einige unzufriedene Kunden gibt. Gründe hierfür sind beispielsweise zu lange Lieferzeiten, Versandkosten, die dem Kunden zu hoch erscheinen (obwohl sie in der Auktion bereits so angegeben wurden) oder Unzufriedenheit mit dem Produkt, das geliefert wurde. Dazu kommen natürlich noch die notorischen Querulanten, die immer an allem etwas auszusetzen haben.
Die „Racheaktionen“ dieser Kunden können vielfältig ausfallen, was wir selbst in den vergangenen Jahren oft schmerzvoll feststellen mussten.
Die wohl harmloseste Ausprägung sind Beschimpfungen und Drohbriefe per email, die sich natürlich auf die Dauer als große psychologische Belastung für die customer care Mitarbeiter erweisen.
Der nächste Schritt sind negative Feedbacks auf den eBay-Plattformen. Diese enthalten oft Beschimpfungen, Diffamierungen und Unterstellungen. Theoretisch werden

Bewertungen, die Beschimpfungen, Namen, URLs oder Ähnliches enthalten von eBay wieder entfernt. In der Realität sieht das leider oft anders aus. In manchen Ländern (z.B. Frankreich) liegt die Dauer für eine solche Entfernung des Kommentars in der Praxis zwischen einigen Wochen und unendlich (also niemals). Aber auch auf Plattformen, wo es „rasch“ geht, dauert die Prüfung des Antrages zumeist einige Tage. In dieser Zeit bleibt die Diffamierung im Bewertungsprofil stehen (natürlich ganz vorne) und schadet daher dem Image des Verkäufers teilweise erheblich. Umsätze und Preise gehen natürlich deutlich zurück solange solche Bewertungen im Profil stehen. Dies geht soweit, dass feindlich gesinnte Kunden Scheinkäufe tätigen nur um sofort negativ bewerten zu können. „Das muss doch von eBay unterbunden werden“ werden sie sicherlich sagen – das hatten wir zu Beginn auch gedacht, doch je mehr wir versucht hatten, den powerseller-support diesbezüglich zu drängen, desto unnahbarer und langsamer sind die Reaktionen geworden.
Ein weiterer Tummelplatz zur Schwächung eines befeindeten Verkäufers sind freilich auch die verschiedensten Foren, die oft voll von Unterstellungen und Beschimpfungen sind. Zudem werden auch andere Käufer des powersellers über das eBay Interface direkt von den beleidigten Kunden kontaktiert und mit Unwahrheiten vor dem Kauf bei diesem powerseller gewarnt. Eine Praktik, die laut „eBay-rules“ verboten ist und zum Ausschluss vom Handel führen kann (oder sollten wir lieber sagen: ...theoretisch könnte...).
Kunden, denen das noch nicht genug ist, ziehen bisweilen sogar eigene Hass-websites auf, wie zum Beispiel folgende Bewertung, die wir erhielten:

DO NOT BUY!!! FOLLOW THIS LINK
www.myportfolio.pwp.blueyonder.co.uk/eBay
Käufer davesmith2500(dave@smith.gb.net) (11)

Unter dieser Adresse befand sich eine qentis-Hass-website mit einer Fülle von haltlosen Anaschuldigungen und Hasstiraden

gegen die qentis. Solche websites wieder vom Netz nehmen zu lassen, erforderte Anwaltskosten und dauerte oft wochenlang.
Ein beliebtes und legales Kampfmittel im Einsatz gegen „böse“ Powerseller sind auch die Käuferschutzanträge und Betrugsbeschuldigungen, die an eBay gesandt werden. „Im Zweifel für den Angeklagten“ oder die „Unschuldsvermutung“ sind leider nicht Teil der „eBay-rules“.
Ein subtileres Vorgehen, um die Kredibilität eines powersellers zu unterminieren, ist den Verdacht auf „shill bidding“ zu erwekken. „shill bidding“ bedeutet, verbotenerweise bei eigenen Auktionen mitzusteigern (über befreundete eBay-accounts), um so die Preise in die Höhe zu treiben. Die eBay-Sicherheit hat rigorose Mechanismen laufen, um solche Tätigkeiten aufzuspüren und die Schuldigen dann gleich zu „delisten“ und in weiterer Folge vom Handel auszuschließen. Diese Mechanismen laufen natürlich automatisch ab und werden offensichtlich auch nicht von einem denkenden Menschen noch mal überprüft bevor sie aktiviert werden. Wenn also das Computer-Programm „shill-bididing“ Aktivitäten „erkennt“, dann wird sofort und automatisch scharf geschossen.
Trickreiche Käufer, die einem Verkäufer schaden wollen, nutzen diese Eigenheit nun dadurch, dass sie gleichzeitig auf sehr vielen 1-€ Auktionen desselben Verkäufers mitbieten und so der Verdacht auf „shill bidding“ entsteht. Bis zur Klärung der Tatsachen sind diese Käufer-accounts dann normalerweise schon wieder abgemeldet.

STOP BUY NOW´S

Die brutalste Guerilla-Taktik, die von Käufern, die wirklich großen Schaden anrichten wollen, angewandt wird, ist das „hacking“ von Sofort-Kaufen Angeboten.
Das läuft so ab: Ein (oder mehrere) neues eBay account wird eröffnet. Dies ist (oder war zumindest bis 2005) in manchen europäischen Ländern ohne Überprüfung der angegebenen Personaldaten und OHNE Überprüfung der Meldeadresse möglich. Die Angabe eines Namens und einer existierenden

Kreditkartennummer reicht. Genügend existierende und legale Kreditkartennummern kann problemlos jeder Verkäufer in einem Geschäft, jeder Kellner, etc. notieren und verwenden. Auch die Beschaffung von gültigen Kreditkartennummern über einschlägige websites im Intenet ist heutzutage leider möglich. Zu einer extrem ruhigen Tages- (bzw. Nacht-) zeit, zumeist zwischen 03h00 und 05h00 in der Früh, kauft der Hacker alle Sofort-Kaufen Angebote des Verkäufers weg. Daraufhin wird eventuell noch für alle Käufe eine negative Bewertung hinterlassen und sodann das account wieder geschlossen.
Uns ist dies leider wiederholt geschehen. Beispielsweise im April 2004 kaufte ein Hacker in einer Nacht all unsere Sofort-Kaufen Angebote von all unseren accounts für einen Gesamtwert von rund 1,3 Millionen €! Die negativen Folgen waren extrem:

1. Durch die sofort anfallenden Verkaufsprovisionen von zigtau senden Euro pro account überschritten alle unsere eBay accounts das erlaubte Verkaufslimit und wurden wegen überfälliger Zahlungen sofort automatisch gesperrt.
Der liebe eBay-Roboter leistete wirklich gründliche Arbeit! Durch diese Heldentat der eBay-Sicherheit waren sicherheitshalber nicht nur alle unsere Sofort-Kaufen Angebote, sondern auch alle unsere 1-€ Auktionen delisted und damit unwiederbringlich weg.

2. Das Wiedereinstellen von mehr als 1000 Auktionen erforder te mehrere Tage. Bis dahin fiel unser Umsatz total aus und auch danach dauerte es dann über eine Woche bis unsere A uktionen wieder vorne gelistet waren.

3. Die Flut an negativen Bewertungen durch die Hacker stan den bis zu ihrer Löschung und der „endgültigen Klärung der leidigen Causa“ durch eBay mehrere Tage ganz oben in unserem Bewertungsprofil, was potentielle Käufer total abschreckte.

„Kein Problem“ werden Sie wieder einmal sagen: „Warum kann eBay nicht ganz einfach wieder den Status der Auktionen wie vor der Hacker-Attacke wiederherstellen?“ „Ja, warum eigentlich?“ haben auch wir uns damals gefragt. Ob sie nicht wollten oder nicht konnten, blieb ungeklärt – geschehen ist es jedenfalls nicht.

Unter solchen Attacken mussten wir monatelang immer wieder leiden. Logischerweise versuchten wir, bei eBay diesbezüglich Druck zu machen.

Wie war es möglich, dass sich Verkäufer in mühsamer Kleinarbeit mit ihren erlaubten Verkaufslimits hocharbeiten mussten, aber Käufer mit Null Bewertungen und einem vollkommen neuen account problemlos mal um 500.000 € oder mehr einkaufen konnten?

Wie war es möglich, dass Kunden in manchen Ländern einfach eBay accounts mit (erfundenem?) Namen und möglicherweise „ausgeborgter“ Kreditkartennummer eröffnen konnten?

Was brachte uns das Ganze seitens eBay?

Vielleicht eine Sondergutschrift?

Oder eventuell eine Verschärfung der Richtlinien für die Öffnung neuer accounts?

Oder vielleicht eine Begrenzung der Einkaufslimits oder Anzahl der getätigten Transaktionen für neue Kunden?

Nichts von alldem !

Vielmehr fühlte sich eBay offensichtlich auf den Schlips getreten und dachte sich: „Angriff ist die beste Verteidigung“ und begann Schüsse vor unseren Bug zu setzen, wie: „wenn sich die Käuferschutzanträge weiter häufen, müssen wir leider eine Suspendierung Ihres Verkäufer-Kontos in Erwägung ziehen... etc.“

Um nicht in den wirtschaftlichen Ruin getrieben zu werden, mussten wir also dieses Problem selbst in den Griff bekommen. Gemeinsam mit einem Team von israelischen Software-Spezialisten entwickelten wir ein Anti-Hacker-Tool, das in Echtzeit die Aktivitäten auf all unseren account mit Hilfe der im Angebot eingebundenen Bildern (dadurch lässt sich feststellen

wer auf das Angebot zugegriffen hat) beobachtete und überprüfte und, im Fall von verdächtigen Kauf-Häufungen eine SMS an mich (in der Nacht oder am Wochenende) bzw. an die Leiterin des Listing Teams (wochentags zu Tageszeiten) sandte. Wir konnten uns dann sofort in das entsprechende account einloggen und den verdächtigen Käufer auf eine Sperrliste setzen.
Unsere accounts waren dadurch relativ gut geschützt, der letzte Rest meiner Privatsphäre und meiner Nachtruhe war damit allerdings dahin. Schön langsam wurde mir klar, wie eBay das meinte, dass auf ihren Plattformen sieben Tage die Woche 24 Stunden was los sei. Ich hatte mein Privatleben inzwischen vollkommen mit einer eBay-„skin" überzogen – ich war wirklich ein treuer eBay-user mit Leib und Seele....
Habe ich eigentlich schon erwähnt, dass wir einmal von eBay-UK als Ehrung zum größten englischen eBay-seller einen Fernost-Flug gewonnen haben? Sehen Sie: Kundentreue wird also doch ein klein wenig honoriert – dass der Flug gerade für die Zeit des Tsunami gültig war, war wirklich nur ein äußerst unglücklicher Zufall – oder hat das Schicksal hier etwa schon mit dem Laternenpfahl gewinkt?
Natürlich gibt es immer auch die Möglichkeit, rechtlich gegen solche Hackerangriffe vorzugehen. eBay loggt ja die IP-Adresse jedes Käufers mit und könnte so dazu beitragen, diesen rasch auszuforschen. Überraschenderweise ist eBay hier aber auch wieder mal der Datenschutz weitaus wichtiger als der Verkäufer-Schutz und daher läuft ohne richterliche Anordnung gar nichts.
Einmal wurde uns ein Hacker-Angriff vorab angedroht und angekündigt:

„Von: Michael Strebin [mailto:strebin@bewatec.de] Gesendet: Donnerstag, 22. April 2004 13:59An: tichnak@qentis.com; logistik@qentis.comBetreff: Noch 24h bis zu Registration?

Hallo Michael Marcovici und der Rest vom Team,in 24h werde ich die DHL anrufen um mich über den Versandstatus meiner Ware zu informieren.Falls die Anfrage weiterhin negativ verläuft, also Sie mich immer noch hinhalten wollt,werde ich nicht nur den Anwalt einschalten.Ich werde alle Register ziehen.Ich werde meine Beziehungen spielen lassen und euch eines der bestenHacker-Teams Deutschlands auf den Hals hetzen.Prüfen Sie sicherheitshalber noch einmal ihren Postausgang alles nur zu Ihrem Interesse.Viel Spass dabei, sonst auf nimmer Wiedersehen!"

Wieder mal eine leere Drohung dachten wir, doch nur zwei Tage später, am 24.04.2004 kam es zu einer konzentrierten Hacker-Attacke. An einem Abend wurde von Unbekannten auf unseren italienischen eBay account für 521.699 €, auf unserem deutschen account für 783.412 €, auf unserem englischen account für 146.872 Pfund und auf unserem französischen account für knapp 300.000 € eingekauft.Zufall?
Bewiesen konnte dem guten Herren jedenfalls nichts werden (seine Ware hat er übrigens drei Tage nach seinem obigen email ordnungsgemäß zugestellt bekommen...) Ob eBay diesen Käufer vom Handel ausgeschlossen hat? Also bei Käufern muss schon erst einmal die Schuld offiziell bewiesen sein, bevor jemand gesperrt wird.

SPASSBIETER

Erhebliche Unannehmlichkeiten entstehen durch so genannte „Spaßbieter", also Käufer, die einen Artikel ersteigern, aber niemals bezahlen (und das zumeist auch nie vorgehabt haben). Manche von ihnen melden sich einfach gar nicht mehr wieder und andere lassen sich kreative Ausreden (z.B.: „sorry, aber meine fünfjährige Tochter hat ohne mein Wissen diesen Artikel ersteigert...") einfallen.
Der Verkäufer verliert den Umsatz, bekommt die Einstell- und Verkaufsgebühren meist erst irgendwann von eBay gutgeschrieben (Verkäufer mit Verfolgungswahn behaupten in Foren häufig, dass diese Gutschriften nur teilweise funktionieren) und andere Kaufinteressenten haben sich zumeist schon anderwärtig mit der Ware eingedeckt.
Bei solchen „no-show" Aktionen sind ganz erhebliche regionale Unterschiede festzustellen: Während deutsche Kunden, diesbe-

züglich relativ „brav“ sind und die Rate nur bei etwa 3% liegt, zahlten von unseren französischen Kunden mehr als 20% (!) ihre bezahlte Ware niemals (was sie aber nicht davon abhielt, negativ zu bewerten, insbesondere, wenn sie Mahnungen erhielten).

Richtig ins Geld geht das Ganze aber bei Nachnahme-Sendungen, die von den Kunden nicht angenommen werden. Hier wird dem Verkäufer ein echter Schaden zugefügt. Die gesamten Hin- und Rücksende-Kosten fallen für den Verkäufer an, die Ware ist oft wochenlang unterwegs, und bis sie zurück ist kann der Zustand der Verpackung nach einer halben Weltreise auch nicht immer als neuwertig bezeichnet werden. Aufgrund dieses Problems waren wir gezwungen, Nachnahmesendungen nur mehr sehr selektiv anzubieten und schließlich ganz damit aufzuhören.

PROFI HACKER

eBay investiert zwar sehr viel in das Thema Sicherheit, trotzdem gelingt es Profi-Hackern immer wieder, fremde accounts zu „entführen“, siehe nachfolgendes email der eBay-Sicherheit an uns:

„Hallo liebes Mitglied,

wir moechten Ihnen mitteilen, dass ein oder mehrere Ihrer Artikel leider nicht regulaer gewonnen bzw. gekauft wurden.

Das entsprechende Mitglied "tigrazicke" hat uns mitgeteilt, dass ein Dritter sich unberechtigt Zugang zu seinem Mitgliedkonto verschafft und dieses leider auch benutzt hat.

Diese E-Mail ist etwas standardisiert gehalten, da mehrere Anbieter in aehnlicher Weise betroffen waren.

Wir haben Ihnen zur Schadensbegrenzung von unserer Seite aus soeben die Gebuehren und Provisionen zu dem/den betroffenen Artikel(n) auf Ihrem eBay-Konto wieder gutgeschrieben, so dass Ihnen hier keine Kosten durch uns entstanden sind. Bitte vergewissern Sie sich durch einen Blick in Ihr eBay-Konto ueber die entsprechenden Gutschriften.

Wir hoffen, Ihnen durch unser aktives Einschreiten geholfen zu haben. Es steht Ihnen natürlich frei, die Artikel erneut anzubieten. Am einfachsten geht das

direkt ueber die Artikelseite, wenn Sie dort bei "Optionen für Verkäufer" auf "Diesen Artikel wiedereinstellen" klicken.
Eventuell in Ihrem Profil eingetragene Bewertungen des genannten Mitgliedskontos werden wir natuerlich wieder entfernen. Bitte verzichten Sie wenn moeglich ebenfalls auf die Abgabe einer negativen Bewertung - vielen Dank.

Wir wuenschen Ihnen bei weiteren Auktionen viel Erfolg.

Mit freundlichen Gruessen
eBay - Sicherheit
eBay - Der weltweite Online-Marktplatz!"

BETRÜGER

Leider gibt es auch unter den eBay Käufern eine ganze Reihe von schwarzen Schafen. Besonders beliebt ist die Reklamation von Verpackungsfehlern. Natürlich kann es hin und wieder mal vorkommen, dass bei einem Kunden der Inhalt des Pakets nicht mit der Bestellung übereinstimmt, insbesondere bei Sets, die aus mehreren kleinen Artikeln bestehen. In einem solchen Fall reklamiert der Kunde was fehlt und bekommt den fehlenden Teil nachgeliefert. Doch mehr als nur ein Kunde kam auf die Idee, Dinge zu reklamieren, die gar nicht gefehlt haben und sich so Teile der Ware doppelt schicken zu lassen.
In der Anfangsphase unserer eBay Tätigkeit bearbeiteten wir solche Reklamationen ziemlich blauäugig zugunsten der Kunden, nicht zuletzt, um das Bewertungsprofil nicht zu verschlechtern. Als die dadurch entstandenen Verluste richtig zu schmerzen begannen, überlegten wir Strategien, um dieses Problem besser in den Griff zu bekommen und die Spreu vom Weizen zu trennen.
Zuerst führten wir bei der Verpackung ein Vier-Augen-Prinzip ein: kein Paket verließ unser Lager, ohne von einer zweiten Person nochmals kontrolliert zu werden. Dies reduzierte die Anzahl der wirklichen Verpackungsfehler drastisch.
Zweitens begannen wir, vom Kunden eine eidesstattliche Erklärung über die Sachlage zu verlangen. Das schreckte dann

eine Menge von potentiellen Kleinbetrügern, die es halt mal versuchen wollten, ab.
Ein nächster, geplanter aber noch nicht umgesetzter Schritt war, von jedem Paket, das raus ging, ein Digitalfoto in geöffnetem Zustand zu machen und bei Bedarf der jeweiligen Tracking-Nummer zuzuordnen und online verfügbar zu machen.
Wir waren sogar in Verhandlung mit einem Flughafen, um eine gebrauchte, kleine Röntgenstraße zu erwerben und von jedem Paket ein Röntgenbild anzufertigen.

DIE SOCIAL ENGINEERING ATTACKE

Der wohl trickreichste Agriff gegen die qentis fand im Mai 2004 statt. Es war eine klassische „Social Engineering Attacke". Der Begriff Social Engineering wurde von Kevin Mitnick, dem berüchtigtsten US-Hacker der Geschichte, geprägt. Der Social Engineer benutzt Techniken zur Manipulation und Überredungskunst um sich eine gefälschte Identität anzueignen. Mit dieser Identität versucht er dann an wertvolle , interne Informationen eines Unternehmens zu gelangen.
Wir haben diesen Fall im Nachhinein so genau, wie möglich rekonstruiert. Hier nun der wahrscheinliche Ablauf der Dinge (alle Namen wurden natürlich geändert):
Zuerst musste der Social Engineer - nennen wir ihn George Blanc – sich mit den Abläufen seines Opfers (in diesem Fall der größte eBay-Verkäufer, die qentis) vertraut machen.
Schritt 1: ein eBay-account anlegen
Über eBay-Foren erfuhr George, dass es (zumindest damals) möglich war, bei eBay.fr ein neues Käufer-account zu öffnen, wenn man nur Name, Adresse (die allerdings nicht rückgecheckt wurde) und eine gültige Kreditkarte vorlegen konnte.
Voen einem Freund, der als Kellner in einem eleganten Restaurant in Paris arbeitete, holte er sich Namen und Kreditkartennummer eines größeren Unternehmens, das kurz zuvor eine große Feier in diesem Restaurant durchgeführt und mit Kreditkarte bezahlt hatte. George suchte aus dem Telefonbuch die Adresse des Unternehmens - und schon hatte

er alle notwendigen Infos um ein neues eBay-account in Frankreich zu öffnen.
Schritt 2: mit welcher Software arbeitet das Opfer?
George ersteigerte einen billigen Artikel beim französischen eBay-account der qentis. Dadurch erfuhr er, dass als aftersales-Software das Programm Auctionweb verwendet wurde. George lud sich eine Testversion von Auctionweb herunter um sich mit dem Jargon des Programmes vertraut zu machen. Dort lernt er, wie im Auctionweb durch einen einfachen „click" Transaktionen auf „bezahlt" gesetzt werden können.
Auf der website von qentis erfuhr er unter dem Menüpunkt „news", dass die qentis gerade dabei war, ihre eBay Tätigkeit mit einem SAP-System zu verbinden und dabei mit der österreichischen Firma „softconnect" zusammen arbeitete.
Schritt 3: relevante Telefonnummern heraus finden
Die Telefonnummer von softconnect fand sich einfach im Telefonbuch, die vom technischen support von Auctionweb „erarbeitete" sich George, indem er als Testuser von Auctionweb so schwierige technische Fragen an die normale hotline stellte, dass ihm die Dame bei der hotline lieber gleich die Nummer des technischen supports gab. Bei der customer-care Telefonnummer der qentis war es schon etwas schwieriger, da die qentis immer versuchte, nur per E-mail zu kommunizieren und ihre Telefonnummer nur in wirklichen Problemfällen an Kunden zu geben. Doch auch diese Hürde überwand George. Bei dem Artikel, den er bei der qentis ersteigert hatte, beschwerte er sich per E-mail so lange über komplizierte, technische Probleme und drohte mit einem eBay-Käuferschutzantrag, bis er die Telefonnummer der customer care Abteilung erhielt, um das Problem klären zu können.
Schritt 4: die Anrufe um die Identitäten zu erschleichen
Anruf 1 bei softconnect:
„Guten Tag. Hier spricht Mag. Müller. Wir haben im Internet gelesen, dass ihre Firma einen eBay-powerseller bei der Implementierung einer SAP Lösung unterstützt. Wir sind an einem ähnlichen Systmem interessiert. Ich hätte da einige tech-

nische Fragen dazu. Wer bei ihnen im Haus wäre denn aus technischer Sicht für so ein Projekt zusändig?"

„Bitte warten Sie einen Augenblick Herr Magister. Ich frage mal nach. (kurze Pause).

Bitte verzeihen Sie die Wartezeit. Also am besten, Sie wenden sich direkt an unseren Herren Paul Bauer, der auch das bereits laufende Projekt aus technischer Sicht betreut."

Anruf 2 bei Auctionweb, technischer support: (an einem Sonntag, abends)

„Hallo hier spricht Hans von der qentis in Wien. Wir hatten hier gerade einen totalen Systemabsturz und ich fürchte, unsere Auctionweb-Daten könnten auch in Mitleidenaschaft gezogen worden sein."

„Wie ist denn ihre Auctionweb-ID bitte?"

„Hören Sie, alles unser Computer sind down. Ich komme an gar keine Nummern ran. Unser IT-Mann sagt, dass es sich offensichtlich um einen besonders aggressiven Virus handelt, der auch auf unsere solutiuon-provider, wie Sie übergreifen könnte. Ich will natürlich verhindern, dass es bei ihnen auch zu Problemen oder sogar einem Systemabsturz kommt......"

„Ok, ok ist ja kein Problem. Ich finde ihre ID ja auch über den Namen. Einen Moment. hier haben wir es: Es ist die A111692. Zum Glück sehe ich auf unserer Seite keine Probleme. Alle ihre Daten sind vollständig, aber ich werfe in den nächsten Stunden mal ein Auge auf ihr account, um zu sehen, ob sich da irgendein Problem ergibt."

„Vielen Dank, zumindest weiss ich jetzt, dass unsere Auctionweb-Daten sicher sind und wir keine Transaktionen verlieren. Schönes Wochenende noch."

Anruf 3 bei customer care Abteilung, qentis. (Freitag, spät nachmittags, einem „Fenstertag", d.h. der Donnerstag davor war ein Feiertag, und die meisten Mitarbeiter nahmen sich ein langes Wochenende):

„Hallo, hier spricht Paul Bauer von softconnect. Wir sind jetzt soweit, dass wir den ersten Testlauf starten können, um die Auctionweb-Daten mit dem SAP-System zu verbinden. Ich musste dafür mein langes Wochenende schmeissen, aber eure Chefs haben es ja leider immer extrem eilig. Naja, Davies (die Namen der qentis-Geschäftsführers waren auf den sogenannten „Mich-Seiten" der eBay-accounts der qentis zu finden gewesen) hat mir gesagt, ich soll sofort bei euch anrufen, wenn wir mit dem testen beginnen können und mir das aktuelle Passwort für das A111692 holen."

(Die qentis-Mitarbeiterin schöpft keinen Verdacht. Sie kennt die Firma softconnect, weiss, dass der technische Projektleiter Paul Bauer heisst und hört, dass „Paul" die richtige Auctionweb-ID kennt„ Da die Passwörter jeden Monat geändert werden, ist sie nicht verwundert, dass er das aktuelle benötigt.)

„Jaja, das mit dem Stress kenn ich. Ich muss auch hier sitzen und stundenlang Kunden E-mails beantworten, während meine Freunde längst irgendwo feiern. Also im Moment ist das Passwort „fluidum32" aber Ende nächster Woche wird es wieder geändert. Ich denk dann an dich, wenn ich morgen im der Sonne liege, ? „

Schritt 5: Die Attacke

In der Nacht von Sonntag auf Montag kauft George eine ganze Reihe von „sofort-kaufen" Angeboten der qentis, insbesondere kleine, teure Artikel wie Digitalkameras oder Speicherkarten.

Montag gegen 06h00 loggt er sich in das Auctionweb A111692 der qentis ein, sucht seine Transaktion, setzt sie auf „bezahlt" und gibt so die Waren zur sofortigen Kommissionierung frei. Als Versandadresse gibt George ein Postfach in Paris an, das vor vielen Jahren einmal ein Bekannter von ihm eingerichtet hat, der inzwischen als Sozialarbeiter in Ruanda lebt. George hat den Schlüssel des Postfaches und nutzt das Postfach bisweilen für seine Social Engineering Tätigkeiten.

Montag zu Mittag wird bei der qentis die „bezahlte" Rechnung ausgedruckt und in die Kommissionierungsabteilung weitergegeben. Doch hier hat die qentis ausnahmsweise Glück im Unglück. Der aktuelle Spediteur der qentis stellt in Frankreich keine Pakete an Postfächer zu. So wandert der Schein zurück zur customer care Abteilung, damit ein Mitarbeiter den Kunden

um eine „richtige“ Adresse ersucht. Dem Mitarbeiter fällt die ungewöhnlich hohe Summe auf und er sieht sich die Transaktion im Detail an. Eine Anfrage bei der Abteilung für Zahlungseingänge ergibt, dass es an diesem Tag gar keinen Bankeingang in dieser Höhe aus Frankreich gegeben hat. So fliegt der Schwindel auf und die qentis entgeht, glücklich, dieser Falle.
Die Identität von George konnte natürlich niemals festgestellt werden...

SECOND CHANCE OFFERS

Prinzipiell eine gute Idee von eBay. Ein Kunde, der bei der Auktion von einem anderen Käufer überboten wurde, erhält die Möglichkeit, zu seinem Gebot ebenfalls die Ware zu erwerben (wenn der Verkäufer das möchte). Dies wurde allerdings von Betrügern genutzt.
Diese sandten E-Mails, die wie second Chance offers von eBay aussahen an überbotene Kunden und überredeten sie dazu, ihnen das Geld direkt zu schicken, wie die nachfolgende E-Mail-Korrespondenz zeigt: In diesem Fall war der Abzocker ein Mr. James Spencer mit der email-adresse rapid2002@luxmail.co.uk , der einen unschuldigen Kaufinteressenten mit einem solchen fingierten second chance offer überredete, ihm den Betrag zu überweisen.

From: aw-confirm@eBay.com

Reply-To: aw-confirm@eBay.com

To: pavcov1@hotmail.com

Subject: Question from eBay Member

Date: Fri, 22 Oct 2004 12:15:33 -0700

Dear pavcov1,

You expressed interest in an item titled QENTIS WHIRLPOOL STEAM SHOWER

ROOM BRAND NEW*no reserve Item number: 4327181760 by bidding, however the auction has ended with another member as the high bidder. In compliance with eBay policy, the seller,expressbuy101 is making this Second Chance Offer to you at your bid price of £1,340.00.The seller has issued this Second Chance Offer because either the winning bidder was unable to complete the transaction or the seller has duplicate items for sale. If you accept this offer, you will be able to exchange Feedback with the seller and will be eligible for eBay services associated with a transaction, such as fraud protection.
This offer expires Monday, Nov 1, 2004 19:01:36 PST. To purchase this item, don't reply to this mail, just contact the seller at rapid2002@luxmail.co.uk Thank you, eBay, Inc.

Thank you,
prothermis333"

"Von: p b [mailto:pavcov1@hotmail.com]
Gesendet: Dienstag, 23. November 2004 20:39
An: expressbuy101
Cc: rapid2002@luxmail.co.uk
Betreff: FW: Question from eBay Member

Hello. Right here we can see that 'expressbuy101', rapid2002@luxmail.co.uk, & now uk@qentis.com are all the same person. I have pursued purchase of item number 4327181760 & made payment of £1340 to a 'James Spencer'. To me it appears that you are operating under several names & I have checked with Western Union. James Spencer has collected payment on 29/10/04 at 1830 on behalf of yourselves (be you 'ExpressBuy101', rapid2002@luxmail.co.uk or uk@qentis.com). Please indicate when you will deliver the goods as we have been messed around long enough.

Regards

Mr P Brar"

Weder Mr. Spencer, noch das Geld konnten je gefunden werden.

HOCHBIETEN

Eine andere, wirklich elegante Methode, die sich zwei Franzosen ausgedacht haben, um uns zu schädigen, war folgende: an einem Freitagnachmittag haben die beiden über zwei neu eingerichtete eBay-accounts ein MP3 Autoradio auf 650 Millionen € hinauf geboten und gekauft. Wir haben den Abschluss gesehen und noch darüber gelacht. Bei 20% nicht abgeschlossenen Transaktionen in Frankreich regt man sich über so etwas natürlich nicht auf, außer, dass die Statistik total durcheinander kommt. Aber schon wenig später wurden uns klar, dass die Sache nicht so ganz ohne war, denn durch den Kauf wären nun plötzlich eBay-Verkaufsgebühren von über 10 Millionen € angefallen und das Konto war sofort, grußlos, gesperrt. Da es Freitagnachmittag war, gab es für uns - zumindest damals - keine Möglichkeit bis Montag jemanden Kompetenten bei eBay zu erreichen. Es entfiel daher wieder mal ein ganzes Wochenende um Artikel einzustellen.

NACHNAHMEKILLER

Wirklich kriminelle Ausmaße und gleichzeitig eine sehr effektive Methode war der „italienische Nachnahme Scam", der uns in der Vorweihnachtszeit 2003 traf. Man kann sich vorstellen, was bei uns los war, da im Dezember üblicherweise doppelt so viele Pakete versendet werden, wie in anderen Monaten. Alle stehen unter Stress und man möchte jede Bestellung nur so schnell wie möglich rauskriegen. Da passierte folgendes: in unserem Sortiment gab es unter anderem auch eine ganze Reihe sehr teurer Markenkameras, die bis zu 3.000 € pro Stück kosteten. Dass gerade solche Artikel per Nachnahme bestellt werden, ist durchaus normal, und gerade in dieser Zeit wurden jeden Tag zwischen zehn und zwanzig solcher Artikel (als Weihnachtsgeschenke) bestellt und auch durch uns versendet. Alle diese Geräte gingen an verschiedene Adressen in Italien, Frankreich und den Niederlanden. Erst nach etwa zehn Tagen als unsere Spedition UPS uns mitteilte, dass die Kunden nicht angetroffen wurden, oder die Bestellung nicht annehmen wollten, wurde uns klar, dass wir betrogen wurden und die Adressen einfach aus dem Telefonbuch stammten. Zu diesem Zeitpunkt waren aber bereits ca. 300.000 € Ware unterwegs. Der Schaden war enorm, denn die Ware konnte ja nicht mehr an den Lieferanten zurückgegeben werden. Am Ende der Aktion saßen wir also auf 300.000 € sündteurere Kameras, die schwer zu verkaufen waren, insbesondere, da das Weihnachtsgeschäft inzwischen vorbei war. Außerdem mussten wir sofort alle Nachnahmelieferungen einstellen bzw. nur mehr bei Vorrauszahlung von zumindest 50 € liefern, was wiederum den Verwaltungsaufwand steigerte. Die Methode ist jedenfalls sehr effizient gewesen und hat wohl von allen beschriebenen Methoden den größten wirklich messbaren Schaden verursacht.

INHOUSE BETRUG

Am einfachsten ist es natürlich für geschickte Mitarbeiter das eigene Unternehme zu betrügen. Dazu gibt es eine ganze Reihe von Möglichkeiten, fast jede der hier beschriebenen, wurde von Mitarbeitern irgendwann versucht. Der erste Betrugsfall war folgender: ein Mitarbeiter hat über sein privates eBay-account einen Artikel bei uns ersteigert, Wert ca. 400 €. Dieser Mitarbeiter war auch für die Erfassung von Zahlungen zuständig, hatte also sehr leichtes Spiel. Er musste lediglich in unserer Abwicklungssoftware Auctionweb die Transaktion aufrufen und als „bezahlt" markieren und schon wurde die Ware versandt. Was er nicht wusste war, dass der Leiter der Buchhaltung am Ende des Monats die Summen von Einnahmen und versendeter Waren verglich und so sehr schnell die fehlende Summe bemerkte; über die Prüfung der Menge an versendeten Paketen und bezahlten Transaktionen konnte die bewusste Transaktion gefunden werden. Man muss aber dazu sagen, dass die Überprüfung der Zahlungsströme in unserem Fall jeden Monat fast zwei ganze Arbeitstage für den Leiter der Buchhaltung in Anspruch nahm, denn es gab acht Bankkonten, PayPal, moneybookers, Abholer (Bahrzahler) und Nachnahme, also kein leichtes Vorhaben. Außerdem ging dieser Mitarbeiter letztendlich besonders ungeschickt vor und nutzte seine eigene Adresse als Lieferadresse.

Ein anderer (Lager-)Mitarbeiter ging folgendermaßen vor: er bestellte über eine Bekannte in Deutschland ein anatomische Skelett um ca. 120 €, dieses Paket ist sehr groß und mühsam zu verpacken, was keiner im Lager gerne machte. Als das Paket zum Versand kam, war er freiwillig bereit, es zu verpacken, dabei packte er gleich eine Digitalkamera dazu. Auch dieser Fall konnte nur durch Zufall aufgeklärt werden, leider war seine Bekannte zum bewussten Zeitpunkte nicht zu Hause und das Paket kam nach zwei erfolglosen Zustellversuchen wieder retour zu uns, wo der Betrug aufflog.

DELISTET

Manchmal war es gar nicht notwendig, dass verärgerte Kunden sich Wege ausdenken mussten, um uns zu schaden, bisweilen erledigte eBay das selbst. Am 16. September 2004 telefonierte ich zufällig spät abends mit einer Bekannten in London, die ein Fahrrad von uns kaufen wollte. Ich erklärte ihr, wie sie es auf eBay in unserem englischen account finden würde, aber es gelang ihr nicht. Als ich dann spät abends zu Hause ankam, und mir die Sache ja doch keine Ruhe ließ, konnte auch ich weder das Fahrrad noch unsere anderen Artikel finden, wir waren komplett „delistet“. Der Grund war der Verdacht auf „shill bidding“, also das Hochsteigern eigener Auktionen. (Das war natürlich vollkommen unbegründet und an sich absurd, denn bei über 1000 laufenden Auktionen, ist es weder möglich noch wirtschaftlich sinnvoll, irgendwo selbst mitzusteigern.) Das war wahrlich eine Katastrophe für uns, über 1200 Artikel waren zu diesem Zeitpunkt gelistet gewesen, der tägliche Umsatz in England war über 40.000 €, eines unserer stärksten accounts. Ich musste also einen Weg finden, um herauszukriegen, was das Problem war und möglichst flott wieder online zu kommen.

Ich kontaktierte sofort den deutschen powerseller-Support, doch dort wurde ich nur auf den nächsten Tag vertröstet und bekam gar keine Auskunft zu dem Problem. Der englische Support verwies mich immer nur an den deutschen, also wählte ich in meiner Not einen anderen Weg. Ich googelte die Adresse von Meg Whitman, CEO von eBay international und richtete folgendes email an sie:

Von: Michael Marcovici Gesendet: Donnerstag, 16. September 2004 02:04An: 'meg@eBay.com'Betreff: European Powerseller needs your help URGENT !!!!
Dear Ms. Whitman

My name is michael marcovici, I am the ceo of qentis holding, one of Europe's largest powerseller on eBay, I am selling on eBay for now 3 years and I have been able to build up a business where we are shipping 500 packages every day, I employ more then 40 people with offices in Paris, London and Germany. Our sales reached 2 mio US$ every month. I am more then happy with the development of this business and it has definitely changed my life. As you can imagine it has been a load of work and big effort to get to this point and we are working hard to make this business bigger and better. We are currently building a new location with over 50.000 sqf for our new warehouse and office, We have an office in Hongkong to handle our productions there and we are working together with SAP to create a new after sales tool for eBay auctions which we will start to market early next year, many other projects are on the way... However over night it seems that for no reason this dream could come to an end and lead right now into a financial catastrophe for the company and for me as well. Tonight our UK account expressbuy101 has been suspended, without any further notice for shill bidding. As a seller who has already sold more then 200.000 items over eBay you can imagine and you will know that this doesn't make any sense and we never do bids of this kind. Now the financial impact and the loss of credibility by delisting 850 articles already is heavy enough for us as it will take at least a month to restart our operation to the where it was. I ask you to take careof this matter to someone in your operation who is able to handle it in a timely acceptable manner because we cannot financially survive such a situation for a long time. Also I must complain about this type of communication, we are paying more then 100.000 US$ in fees every month for all our accounts together and I would say that a telephone call might have cleared the situation within minutes, instead of this I just receive a mail telling me to send in documents that have already sent many times as our company is well known to eBay and has been visited by mr von rueden and many other eBay representatives many times in the past. As you can see we have trusted eBay a lot in the past and stil do so now and our complete organisation is built but also depending on eBay, I ask you now to trust in us, to reopen our account and to take measures so that such things do not happen again in the future.

Regards

Michael Marcovici
CEO qentis holding ltd

Danach ging ich schlafen und tatsächlich schon drei Stunden später, bei uns war es gerade 04h21 in der Früh, entfaltete das E-Mail seine Wirkung: ich wurde vom Büro von Meg Whitman auf meinem Handy angerufen und man hat sich bei mir vielmals entschuldigt und mir versichert, alle Artikel wieder gelistet zu haben und das account wieder in den vorigen Zustand zurückversetzt zu haben. Der Shill Bidding Verdacht wäre ein Irrtum und das „delisting" der Fehler eines eBay Mitarbeiters gewesen. Die verantwortliche Person bei Safe-Harbour wurde entlassen, so etwas sollte nie mehr vorkommen. Um 08h00 bin ich dann aufgestanden, um nachzusehen, was wirklich los war. Das account war nicht mehr gesperrt, allerdings waren aber auch keine Artikel gelistet. Damit hatte ich bereits gerechnet. Der Schreck kam allerdings, als ich die verkauften Artikel checkte, gegen 05h00 Früh wurden die Artikel tatsächlich noch mal gestartet, leider mit dem Ergebnis, dass diese in der selben Sekunde schon wieder beendet wurden und zwar mit dem letzten Höchstgebot. So kam es, dass am 17. September sich etwa 900 Kunden über unglaublich gute Preise freuen durften, LCD Fernseher um 15 Pfund, Motorräder um 70 Pfund, ATV um 10 Pfund, Digitalkameras um 2 Pfund usw.. Hinzu kam, dass viele der Kunden dann auch noch sofort mit PayPal bezahlten, um auch sicher zu diesem Schnäppchen zu kommen. (Heißer Tipp für die AGB´s übrigens: die Auktion ist nur rechtsgültig, wenn sie zum programmierten Zeitpunkt beendet wird). Auf jeden Fall war es ein Desaster und 900 Kunden davon zu überzeugen, dass es sich bei den Kaufzuteilungen um einen „bug" des eBay-Systems handelte, war für uns nicht möglich. Im Laufe des Tages haben wir es dann geschafft, eine Telefonkonferenz mit eBay zu organisieren, um die Sache in den Griff zu bekommen. Es wurde überlegt, den Kunden eine E-Mail zu senden, um den Sachverhalt zu klären, vielleicht auch ein Statement von eBay selbst dazu, aber alles musste erst innerhalb von eBay geklärt werden. Deren Rechtsabteilung musste sich erst alles einmal ansehen, mit einem Wort eine fundierte Lösung des Problems hätte viel zu lange gedauert. Nach unzähligen Telefonaten, in denen eBay tatsächlich sehr bemüht war, die mittlerweile sowohl für eBay als auch für uns eskalierte Situation zu kalmieren, machte uns eBay Deutschend einen wahrlich unkonventionellen Vorschlag: Sie wären bereit, wenn wir einverstanden wären, die Auktionen aus ihrer Datenbank zu löschen. Das war kein übler Vorschlag, bis auf die wenigen Kunden, die die Auktion vielleicht gespeichert hatten, wären die Angebote einfach nicht mehr auffindbar. Es war natürlich auch nicht mehr möglich eine Bewertung abzugeben oder überhaupt zu beweisen, dass eine solche Auktion überhaupt jemals gab. Und so wurde es dann auch gemacht, die Auktionen wurden gelöscht, und das Problem damit aus der Welt geschafft. Einzig die PayPal Zahlungen waren ein Problem und die Kunden darüber verwundert, dass die Daten nun verschwunden waren; aber an sich konnten wir nun jedem Kunden erklären, es handelte sich um einen Fehler auf eBay Seite. Alle Zahlungen wurden zurück geschickt, und das war es Das aktuelle Problem war damit gelöst, aber die Position, die wir vor dem Delisting am englischen Markt hatten, haben wir nicht mehr erreicht. Es dauert sehr lange und erfordert viel Aufwand, sich in einer eBay Kategorie in eine gute Position zu bringen, wenn man aber hinaus fällt, dann ist es sehr schwierig, wieder in die Gänge zu kommen. Vor dem Delisting lag unser Tagesumsatz bei ca. 40.000 €, danach haben wir es nicht mehr über 30.000 € pro Tag geschafft.

EBAY RECHNUNGEN

Ein eBay-Problem, mit dem unsere Buchhaltung zu kämpfen hatte, waren die Rechnungen. Die monatlichen eBay-Rechnungen waren irgendwann zu groß geworden. Damit meine ich nicht den Betrag (der war auch zu groß), sondern die physische Größe des Dokuments, daher führte jeder Versuch, die Rechnung zu downloaden, zu einem Absturz unseres Computers. Andererseits war es aber auch nicht möglich, ausgedruckte Rechnungen per Post zu erhalten. Damit war eine Überprüfung der Rechnungsbeträge oder Gutschriften nicht mehr möglich. Auch einen Saldenabgleich, wie bei allen Unternehmen im Geschäftsleben üblich, konnte unsere Buchhaltung am Jahresende zur Erstellung der Bilanz nicht bekommen. So blieb uns nichts anderes übrig als darauf zu vertrauen, dass die jeweilige „open balance" im eBay-interface ganz genau passte – auch wenn es so manches Forum gab, das dies in Frage stellte.

POTENTIELLE STOLPERSTEINE UND DIE LEHREN DARAUS

NICHT POLAR

Eine lustige Geschichte hatten wir mit der Firma Polar. Wir hatten in China zwei Typen sehr schöner und guter Pulsmesser für Sportler eingekauft Leider aber stellte sich schon bald heraus, dass es keine einheitliche Bezeichnung für dieses Produkt gab; es hieß mal Herzrythmusmesser, Trainingsuhr, Cardiouhr, Cardiomesser mal aber auch Pulsmesser usw.. Die einzige Möglichkeit, ausreichend Zugriffe auf diese Auktionen zu bekommen war, das eigentliche Synonym für dieses Produkt zu verwenden, nämlich „Polar", den Namen des absoluten Marktführers bei diesen Geräten, der auch Erfinder dieser Sorte von Uhren war. Der Verkauf eines ähnlichen Produktes benötigte also unbedingt das Wort „Polar" in der Titelzeile der eBay-Auktion. Dass dies ein Risiko ist war uns klar, aber andererseits konnte man es anders nicht verkaufen - und siehe da - bereits nach wenigen Wochen erhielten wir folgendes E-Mail:

Hallo!

Wir haben Ihre vergleichende Werbung in eBay in Bezug auf unsere Marke "Polar" zur Kenntnis genommen. Der von Ihnen aufgeführte Vergleich erweckt den Eindruck, das von Ihnen angebotene Produkt entspreche den hohen Anforderungen, die wir an Funktion und Qualität bei unseren Produkten stellen. Dies ist jedoch offensichtlich - nach Ihrer Produktbeschreibung - nicht zutreffend und somit im Hinblick auf die strengen Regelungen des Wettbewerbsrechts nicht rechtmäßig.

Wir ersuchen sie daher nachdrücklich, diese vergleichende Werbung ab sofort zu unterlassen. Sollten Sie weiter mit einem Bezug zu unseren Produkten Werbung betreiben, sehen wir uns gezwungen gegen Sie juristische Schritte einzuleiten. Darüber hinaus würden wir in diesem Fall "eBay" über Ihr Vorgehen in

Kenntnis setzen und eine Sperrung ihres accounts erwirken.

Mit freundlichen Grüssen

Polar Electro GmbH Deutschland

Frage von: florida314

Artikelbezeichnung: HERZSCHLAG PULSMESSER wie POLAR NEU!!!!!!!!

Verkaeufer: tichnak

Das waren natürlich schlechte Neuigkeiten, wir mussten also einen Weg finden, auf die – durchaus gerechtfertigten - Einwände von Polar einzugehen, aber trotzdem den Namen Polar im Namen zu behalten. Wir schrieben also demütig zurück, entschuldigten uns für den tatsächlich unzutreffenden Vergleich und boten an ab sofort explizit darauf hinzuweisen, dass es sich NICHT um ein der Polaruhren ähnlichen Produkt handeln würde. Unsere neue Produktbezeichnung war nunmehr also: „HERSCHLAG PULSMESSER nicht wie POLAR, NEU!!!“. Damit waren dann alle zufrieden: die Firma Polar weil wir uns ganz klar distanzierten, und wir, weil wir das Wort Polar im Titel behalten konnten und unsere Produkte weiterhin am Marktplatz gefunden und beboten wurden.

LEHRE: Aus der Not eine Tugend machen

„KRIEGSMATERIAL“

Ende 2004 waren kleine monokulare Nachtsichtgeräte ein sehr beliebter Artikel am eBay Markt. Die ursprünglich hohen Preise für solche Geräte in Fernost sind in kurzer Zeit von ca. 700 US$ auf unter 100 US$ gepurzelt, auf eBay gingen die Geräte aber immer noch um die 250 € in Auktionen weg. Um einen noch besseren Preis zu erzielen, haben wir die Nachtsichtgeräte mit einer Hyundai Lizenz produziert, so dass wir der einzige Anbieter von Nachsichtgeräten mit einer bekannten Marke waren. Anfang November waren die Geräte dann endlich im Anflug nach Wien. Aber der Teufel schläft ja bekanntlich nicht - genau an jenem Tag, an dem die Geräte am Flughafen in Wien angekommen waren, wurde gegenüber der iranischen Botschaft in Wien eine auf diese gerichtete kleine Rakete mit einem Sprengkopf gefunden, die mit einem Fernauslöser verbunden war. In der Aufregung um den Fund wurde unsere Sendung am Flughafen sofort gestoppt, da der Verdacht bestand, es könne sich um Kriegsmaterial handeln. In den folgenden Wochen wurden die Nachtsichtgeräte dann an das österreichische Verteidigungsministerium überstellt. Man teilte uns mit, es würden nunmehr alle Unterlagen benötigt, insbesondere die Liste der Kunden mit einer Kopie deren Ausweise (haha). Weiters sei nun - auf unsere Kosten - ein Sachverständiger zu bestellen, der die Ware zu untersuchen hatte. Außerdem müsse mit US-Militärs abgeklärt werden, ob die Geräte nicht eventuell Patente von US-Produzenten verletzen, weiters sei zu klären, ob nicht die Normen der Geräte zu hoch für einen Detailverkauf an nicht militärische Körperschaften oder Personen sei, etc. Kurz und gut, nach unzähligen Telefonaten und E-Mails, Interventionen im Wirtschaftsministerium, bei der Handelskammer, beim Verteidigungsministerium wurde uns die Ware (völlig unangetastet) im März 2005 zur Abholung freigegeben (lustigerweise wurde bei der ganzen Aufregung dann auf die Verzollung der Ware vergessen). Der Gewinnentgang war aber beträchtlich, nach Weihnachten gingen die Preise für diese Ware empfindlich zurück, das Stück konnte nur mehr um ca. 120 € verkauft werden.

LEHRE: expect the unexpected.

VERSCHIMMELTE SOFAS

Anfang 2005 erreichte uns eine Sendung von zwölf 40“ Containern Sofas aus Malaysia. Die zwölf Container waren von einen Zwischenhändler finanziert worden, der aber leider selbst nicht sehr kapitalkräftig war. Nachdem die zwölf Container also von Hamburg nach Wien geschafft wurden, konnten wir die Ware nicht einlagern lassen, weil die Zahlung der zweiten Rate

noch nicht getätigt wurde und der Produzent die Ware daher nicht freigab. Die Container warteten also am Wiener Nordhafen auf die Freigabe. Just zu dieser Zeit aber regnete es in Österreich nahezu 30 Tage ohne Unterbrechung und die Donau stieg über ihre Ufer; der Nordhafen war überschwemmt, und die Temperaturen in Wien bei sehr feuchtem Wetter sehr niedrig. Erst nach etwa 40 Tagen erfolgte endlich die Zahlung und die Container konnten entladen werden. Durch die niedrigen Temperaturen und das feuchte Klima in Wien, in Kombination mit der hohen Luftfeuchtigkeit und Temperatur in Malaysia kondensierte das Wasser in den Verpackungen der Sofas und diese begannen zu schimmeln. Aufgrund der komplexen Situation von zu langer Lagerung, nicht klimatisierter Produktion in Malaysia und suboptimaler Verpackung war es auch hier nicht möglich, auch nur einen einzigen Cent von der Versicherung zu bekommen. Wir haben die Sofas also alle in unserer Halle ausgepackt, trocknen lassen und anschließend so gut wie möglich mit Lederpolitur wieder in Ordnung gebracht, aber ca. 20% der Ware war nicht mehr reparabel und auch bei den anderen Sofas gab es überdurchschnittlich viele Kundenbeschwerden.
LEHRE: Die Verpackung ist das halbe Produkt.

2x KENIA

Einer unserer besten Artikel war eine Zeit lang so genannte „Conversion Lenses“ für Digitalkameras und Videokameras. Diese Conversion Lenses ermöglichten es den stolzen Besitzern von eher günstigen kleineren Digitalkameras, größere oder kleinere Brennweiten zu erreichen, indem sie auf die Kamera geschraubt wurden. Wir ließen diese Linsen in China um etwa 4 bis 10 US$ produzieren und haben sie zu Preisen zwischen 19 und 89 € pro Stück, je nach Modell, verkauft. Es gab allerdings eine relativ große Menge verschiedener Linsen in unterschiedlichen Durchmessern von 20mm bis 72mm und zahlreiche Adapter für die unterschiedlichen Kameras, daher war nicht immer jeder Adapter sofort lieferbar. Im Sommer 2005 hat ein

Kunde aus München nun eine solche Linse um 29 € bei uns bestellt und weil die Ware nicht lagernd war, vergingen fünf Tage von der Bezahlung bis zum Versand - an sich keine dramatische Verzögerung. Nach etwa drei Wochen schrieb uns der Kunde, er wäre eben aus Kenia zurückgekehrt. Da er leider ohne Linse verreisen musste, da diese erst nach seiner Abreise geliefert worden war, müsse er daher erneut nach Kenia reisen und bitte uns daher, 3.200 € für die Kosten der zweiten Reise zu überweisen. Klarerweise lehnten wir das ab und erklärten ihm höflich, dass diesbezüglich kein Anspruch bestünde und die Sache für uns erledigt sei. Umso verwunderter waren wir, als doch tatsächlich nach weiteren zwei Wochen ein Anwaltsbrief in unser Büro segelte, in dem wir bei Androhung einer Klage erneut aufgefordert wurden, die 3.200 € zu bezahlen. Nun wurde die Sache schon mühsam; wir haben also auch dem Anwalt erklären müssen, dass kein Anspruch bestünde und die Sache für uns erledigt sei. Aber, man kann es kaum fassen, wiederum einige Wochen später wurde uns nun die Klage vom Amtsgericht München zugestellt. Nun mussten wir uns doch tatsächlich verteidigen und einen Anwalt in München engagieren. Natürlich hat der Kunde den Prozess verloren aber die Anwaltskosten von 400 € sind an uns hängen geblieben, weil der Kunde, der übrigens nie in Kenia war, mittellos war und eine Einforderung der Anwaltskosten, bzw. eine Klage auf diese nur noch mehr Kosten für uns verursacht hätte.

LEHRE: Vor Gericht und auf Hoher See ist man in Gottes Hand

KUNDE - ANWALT MUTATIONEN

Eine überaus interessante Wandlung war immer wieder bei manchen unserer unzufriedenen eBay-Kunden festzustellen. Einige (insbesondere deutsche) Kunden sind urplötzlich zu Anwälten mutiert, sobald auch nur die geringsten Probleme aufgetaucht sind. Zum Teil rührte diese Entwicklung von Tipps in Foren, die diese Vorgehensweise Kunden empfohlen haben, wenn sie schnell zu ihrem „Recht" bei einem Verkäufer kommen

wollten. Irgendwann aber nahm diese Entwicklung überhand, sobald auch nur ein Tag später als erwartet geliefert wurde, oder sich der Zahlungseingang aus welchen Gründen auch immer verzögerte, sofort wurde der Kunde zum Anwalt. Das Problem für unseren Customer Support war, dass die Kommunikation dadurch stark erschwert wurde, weil die Kunden von dann an Fristen setzten, Gesetzestexte zitierten und auf diverse Rechte pochten; einvernehmliche Lösungen waren nicht mehr zu erreichen und unsere Mitarbeiter fühlten sich auch kompromittiert. Wir haben also ein standardisiertes Vorgehen beschlossen für alle, die als Anwälte auftraten. Sobald sich ein Kunde als Anwalt ausgab, wurde er von uns aufgefordert, seine Anwaltszulassung oder eine Vertretungsbefugnis an unsere Anwälte zu faxen, danach würde die Kommunikation nur mehr über unserer Anwälte erfolgen. Sollten die angesprochenen Unterlagen nicht zur Verfügung gestellt werden können, würden wir selbst entsprechende Schritte einleiten. Andererseits wurde ihnen auch klar gemacht, dass wenn die Unterlagen tatsächlich zu Verfügung gestellt würden, die Kommunikation mit unseren Anwälten eine teure Angelegenheit werden könnte, wenn wir in der Sache selbst im Recht sein sollten. Von den meisten Kunden, die vorgegeben hatten, Anwälte zu sein, haben wir danach nie wieder gehört, und die Situation hat sich im Laufe der Zeit wieder beruhigt.
LEHRE: Schlage den Feind mit den eigenen Waffen

GEOGRAFISCHE EIGENHEITEN – EINE ETHNISCHE STUDIE DER EBAY-MÄRKTE EUROPAS

Bis zum Ende der qentis hatten wir verschiedene eBay accounts in der Schweiz, Österreich, Deutschland, Italien, England, Frankreich, Polen, Spanien und Belgien. Jedes Land (bzw. jede Sprache) wurde von einem eigenen Team betreut, wobei die kleinsten Teams nur aus einer Halbtageskraft bestanden, die größten hatten bis zu fünf Leute. Wo immer möglich wurden die Teams mit „native speakern“, also Leuten aus dem jeweiligen Land besetzt, um die Kunden auch möglichst in ihrer

Muttersprache und den jeweiligen nationalen Gepflogenheiten betreuen zu können. Die verschiedenen eBay accounts der qentis unterschieden sich nicht nur im Warensortiment und den Texten in den Angeboten, sondern auch sehr stark in der Form der Kommunikation. Jedes Länderteam hatte ein eigenes RMA-Handbuch, in dem die Vorgangsweise bei Garantiefällen und Beschwerden in nahezu allen erdenklichen Situationen beschrieben wurde. Aber man kann sich kaum vorstellen, wie unterschiedlich die Menschen in den verschiedenen Ländern Europas reagierten. Hier einige der auffälligsten Merkmale und Eigenheiten der verschiedenen accounts. Es ist dazu zu bemerken, dass in allen Märkten ähnliche Waren, gleicher Qualität, mit der gleichen Logistik verkauft wurden.

Deutschland:

Anfangs war eBay.de unser größter Absatzmarkt, doch mussten wir bis Mitte 2005 das Geschäft zunehmend reduzieren. Hauptgründe dafür waren vor allem eine Unmenge an Waren-Rücksendungen unzufriedener Kunden. Es war nur selten möglich mit deutschen Kunden einen Kompromiss zu finden oder den Kunden, z.B. bei kleineren Transportschäden (Kratzer im Lack o.Ä,), mit kleineren Refundierungen zufrieden zu stellen. Deutsche Kunden bestanden fast immer auf einen Austausch der Ware und pochten auf Recht und Gesetz. Oft wurden dann auch bei Lappalien Rechtsanwälte oder gar Gerichte bemüht, Anzeigen eingebracht etc. Zu den unterhaltsamsten Fällen gehörten z.B. jener eines Kunden, der ein Fahrrad bei uns gekauft hatte. Dieses wurde ihm dann nach ca. drei Monaten gestohlen. Sowohl der Kunde als auch sein Anwalt(!) vertraten die Ansicht, wir sollten das Rad ersetzen, da es sich eindeutig um einen Garantiefall handle.

Zum Standardrepertoire gehörten auch die Rückgabe von Digitalkameras und Videokameras nach der Urlaubssaison unter Berufung auf das Fernabsatzgesetz. Nicht selten rieselte aus den Kartons dann aber der feine Sand Mallorcas oder anderer hübscher Orte deren Fotos sich oft auch noch auf den beige-

packten Speicherkarten befanden.
Sehr mühsam war für uns auch der Umstand, dass viele deutsche eBayer es ungewöhnlich genau mit den Texten unserer Angebote nahm. Jeder kleinste Rechtschreibfehler, nicht zu sprechen von möglichen Unterlassungen rechtlich vorgeschriebener, diverser Angaben in unseren AGBs (wie z.B.: Hinweis, darauf, wie der Kunde die Batterien des gekauften Elektro-Gerätes zu entsorgen hat, etc.) wurden gnadenlos kritisiert und abgemahnt.
Kombiniert mit dem Umstand, dass eBay.de der größte und auch kompetitivste eBay-Markt Europas ist, war es irgendwann nicht mehr wirtschaftlich die meisten Artikel anzubieten, so dass sich das Angebot zunehmend auf Sofort Kaufen Artikel mit sehr geringen Anfälligkeiten für Probleme beschränkten.

Schweiz:
Die Schweiz haben wir etwa zwei Jahre lang beliefert, dann mussten wir aufgeben. Einerseits, weil die schweizer Kunden ein sehr hohes Maß an Service erwarten, was im online-Geschäft sehr schwierig zu bewerkstelligen ist, andererseits war der Aufwand aufgrund der Zollformalitäten einfach zu hoch. Insbesondere bei Retouren muss man bedenken, dass es oft dazu kam, dass ein bereits verzolltes Gerät zur Reparatur eingeschickt und dann am Retourweg abermals verzollt werden musste, was der Kunde verständlicherweise ablehnte. Das Gerät ging dann wieder an uns zurück usw.. Abgesehen davon, ergab sich aus dem Einstellen von Artikeln in der Schweiz noch ein ganz anderes Problem. Da es sich bei uns um Exportpreise handelte, das heißt alle Artikel wurden mit einem Nettopreis (ohne Mwst, denn die wurde vom Schweizer Zoll beim Import kassiert) gelistet, haben insbesondere österreichische und deutsche Kunden gemeint, sie könnten über eBay.ch ein Superschnäppchen machen. Die dann gekauften Angebote konnten natürlich nur geliefert werden, wenn die deutsche bzw. österreichische Mwst hinzu addiert wurde, was kaum ein Kunde verstehen wollte und daher in endlosen Streitereien endete.

Österreich:
Es ist zwar verwunderlich, aber aus vier Gründen haben wir auch unseren Heimmarkt, Österreich, als Markt früher oder später aufgegeben. Zum Einen suchen oder suchten in Zeiten der qentis die meisten Österreicher ohnehin meistens auf der deutschen eBay-Plattform nach Angeboten, (inzwischen hat sich die Präsentation auf der eBay-Plattform ja wieder etwas geändert, sodass man die Kunden mit einem Listing in Deutschland abdeckt) zweitens sind die Gebühren vergleichsweise unverständlicherweise hoch. Während andere, kleinere Märkte wie eben die Schweiz oder Belgien niedrigere Einstell-Gebühren haben als größere Märkte wie Großbritannien oder Deutschland, sind die Kosten für das Einstellen in Österreich genauso hoch wie in Deutschland. Der dritte Grund für die drastische Reduktion unserer Angebote in Österreich war die schlechte Zahlungsmoral der Österreicher. Zwar zahlten letztendlich die meisten Kunden, viele aber erst sehr sehr spät, manchmal erst vier Wochen nach dem Ende der Auktion. Nach so langer Zeit konnte es geschehen, dass die Ware nicht mehr verfügbar war, bzw. wurde es für uns dann oft sehr schwer abzuschätzen, wie viel wir noch von einer Ware verkaufen konnten. Das bedeutet: manchmal waren im Lager noch 70 Stück eines Artikels, davon aber 50 gekauft und noch nicht bezahlt. Was nun? Sollten wir nur mehr 20 verkaufen oder doch mehr, da es ja immer einige Nicht-Zahler gibt und man am Ende nicht auf einigen Einzelstücken sitzen bleiben möchte. Probleme waren hier vorprogrammiert. Der vierte Grund waren dann Selbst-Abholer. Da die meisten österreichischen Käufer aus Wien waren und auch unser Lager in Wien war, wollten viele Kunden die Ware selbst abholen, um Transportkosten zu sparen und sich das Ganze mal anzusehen. Bei einem größeren Betrieb ist eine Abholung aber nicht wirtschaftlich, vor allem nicht bei meinen sehr redseligen Landsleuten, die dann Mitarbeiter schon mal eine halbe Stunde „unterhalten“ haben - bei der Abholung eines 10 € Artikels.

Italien:
Italien blieb bis zuletzt einer unserer besten Märkte. Einerseits, weil die Italiener gemessen am miesen Banksystem schnell zahlen, andererseits aber weil sie zumeist, aufgrund ihrer Mentalität auch dann keinen Stress machen, wenn die Zustellung der Ware mal etwas länger dauert. Auch bei kleineren Problemen mit Waren, war die Sache mit kleineren Refundierungen oder einem netten E-Mail aus der Welt geschafft. Auch war der italienische Markt bis zuletzt nicht so überladen mit Angeboten, wie etwa der deutsche, und man kann eigentlich bis heute noch von einem typischen „Verkäufermarkt" sprechen. Nicht zuletzt lag unser Erfolg mit italienischen Kunden auch daran, dass der Leiter des italienischen customer care desks der beste aller unserer Kundenbetreuer war.

England:
Neben Frankreich war England stets unser bester Markt. Zum Einen sind die Engländer hohe Preise gewohnt, zum Anderen ist deren Geschäftstüchtigkeit und Kompetenz in Kommunikation und Problemlösung wirklich europaweit Spitze. Bei der qentis haben wir mit den wenigsten Mitarbeitern die meisten Transaktionen am englischen Markt absolviert. Einziger Wehmutstropfen; die Engländer zahlen nahezu ausschließlich mit PayPal, was die Transaktionskosten empfindlich in die Höhe schnellen lässt.

Frankreich und Belgien:
Die Vor - und Nachteile dieser Märkte sind sehr leicht zu beschreiben: die Vorteile sind hohe Preise und enorme Absatzmöglichkeiten. Der Nachteil: kein Markt ist so nervenaufreibend und schwierig zufrieden zu stellen. In drei Jahren französischer eBay-accounts sind sage und schreibe 21 Mitarbeiter durch unseren französischen customer care desk gegangen. Zweimal war ich selbst Zeuge von echten Nervenzusammenbrüchen der account-Leiterinnen. Wir hatten

Supervision für alle accounts, in der Regel fand diese alle vier Monate statt, beim französischen account streckenweise einmal pro Woche. Produzierte ein deutscher Kunde statistisch gesehen pro Einkauf im Schnitt sieben E-Mails, waren es in Frankreich neunzehn(!) - Telefonanrufe nicht mitgezählt. Die Nichtabschlussrate („No-Show"), also Auktionen, die nie bezahlt wurden, betrug in Frankreich 20%, zum Vergleich in den anderen Ländern lag diese zwischen 3% und 8%. Dazu kam das Problem der Sprachehygiene; auch wenn noch gar keine Probleme vorlagen, war der Umgangston sehr rasch extrem verhärtet und unfreundlich, was sich auf das Gemüt unserer Mitarbeiter niederschlug. Ein weiteres großes Problem waren die Bewertungen. Ende 2005 hatten wir 22.000 Bewertungen am französischen account, davon fast 700 negative, vom Prozentsatz her mehr als doppelt so viel, wie in den anderen eBay-Märkten. Insgesamt hatten wir knappe 55.000 Verkäufe. Das Problem war daher, dass der Eindruck von vornherein schon schlechter ist und das wirkte sich natürlich auf die Erwartungshaltung aus. Kurz - es war ein harter aber durchaus lukrativer Markt.

Spanien:

Spanien haben wir nebenher laufen lassen. Es war kein sehr großer Markt für uns, und so viel ich weiß, war der Grund die an sich schlechte Logistik im eigenen Land. Die Transportkosten nach Spanien sind an sich schon sehr hoch und für die wirtschaftlich sehr interessanten Inseln noch teurer, so dass nur wenige Artikel profitabel angeboten werden konnten, insbesondere wenn man bedenkt, dass es ja bisweilen auch zu Retouren kam.

LEHRE: Fremde Länder - fremde Sitten

SCHNÄPPCHEN

Auch im Großhandel entpuppt sich so manches scheinbares Schnäppchen dann als handfestes Problemchen. Ende 2004, mitten im Weihnachtsgeschäft, kam das Angebot eines niederländischen Großhändlers für 200 Hyundai LCD TV´s zu einem traumhaften Preis auf den Schreibtisch geflattert. Da diese Ware gerade für das Weihnachtsgeschäft sehr beliebt war, war ich natürlich interessiert. Einziger Haken an der Sache: der Händler wollte bei Übernahme der Ware sofort Cash bezahlt werden. An sich kein Problem, der Preis betrugt 100.000 €. Ich setze mich also mit entsprechenden Barmitteln in ein Flugzeug nach Rotterdam und sah mir die Ware an. Wir zogen zwei Muster, schalteten die Geräte an, sie funktionierten einwandfrei. Bei LCD Fernsehern werden die Tuner häufig separat importiert und in Europa montiert um Zollkosten zu sparen. Für einen Fernseher zahlt man 14% Zoll, für einen Monitor hingegen 0%. Auch in diesem Fall waren die Tuner separat, 200 Stück davon waren vorhanden, neben den beiden Mustern die ich gesehen hatte stand im Lager ein drittes Gerät, das funktionierte und Empfang hatte, ich hatte also jeden Grund zur Annahme, dass die Tuner funktionierten und problemlos montiert werden könnten. Da wir eine eigene gut ausgestattete Werkstätte hatten, machte mir auch die Montage keine Sorgen. Ich fuhr zurück ins Hotel, checkte ob die UID (Umsatzsteueridentifikationsnummer) des Verkäufers auf der Rechnung ok war, beauftragte dann eine Spedition mit der Abholung der Ware, ging mit dem Geld zurück, um zu bezahlen und ließ die Ware verladen.

Zurück in Wien gingen die Probleme sofort los. Die Tuner passten zwar, hatten aber Probleme mit italienischem und teilweise auch mit französischem Ton. Wir hatten in unserer Werkstätte Geräte, um die von den verschiedenen Ländern verwendeten Frequenzen zu erzeugen und die Tuner zu testen. Mir war klar, dass der niederländische Händler keine technischen Kenntnisse hatte und nicht helfen konnte, also wendete ich mich direkt an Hyundai. Mein Anruf dort ließ gleich alle Alarmglocken läuten, die 200 LCD TV´s waren gestohlen! Es dauerte fast drei Monate bis es, gemeinsam mit der Versicherung, die den Schaden an Hyundai bereits bezahlt hatte und Hyundai selbst zu einer Einigung kam. Der niederländische Händler war natürlich nicht mehr auffindbar. Aufgrund des Verständnisses und der Professionalität von Hyundai und der Versicherung kamen wir noch mal mit einem blauen Auge davon, haben die passenden Tuner bekommen und waren in der Lage, fast ohne Verlust, die Geräte abzusetzen.

LEHRE: Es gibt keine Mezzies*

Mezzie: (jiddisch) ein Schnäppchen

VERFÜGBARKEIT DER WARE

Um unsere Waren unterzubringen, haben wir Mitte 2004 das ehemalige Lego Lager für Mitteleuropa, knapp außerhalb der westlichen Stadtgrenze Wiens, angemietet. Das acht Stockwerke hohe Hochregallager war für unsere Zweck gut geeignet und konnte 6.000 Paletten Ware fassen. Ein spezieller Stapler stand dort zur Verfügung, um die Waren im Lager zu bewegen. Jeden Abend wurden die Lieferscheine ins Lego Lager gebracht. Die erste Schicht holte die Waren vom Hochregallager herunter und stellte sie bereit zum Verpacken. Die Zweite Schicht ab ca. 12h00 verpackte die Ware und übergab sie dem Kurierdienst oder der Post. Eines Tages aber versagte der Stapler den Dienst. Sofort wurde die zuständige Firma gerufen; das Problem war aber nicht klar, es handelte sich um einen tief greifenden technischen Defekt und ein Austausch einer Platine war notwendig. Es war klar, dass wir einen ganzen Tag verlieren würden, was aber noch nicht weiter tragisch war. Am kommenden Morgen war dann die Platine da, und der Stapler funktionierte wieder, nach zehn Minuten Betrieb aber streikte der Stapler wieder, und zwar so, dass der Stapler mit der Gabel im sechsten Stock - mitsamt dem Fahrer - feststeckte. Um den Fahrer sicher wieder auf den Boden zu bringen musste nun sogar die Feuerwehr anrücken. Wir konnten nur ganz wenige Artikel versenden, die am Boden oder im ersten Stock des

Regals gelagert waren. Weiter hinauf konnte man einfach nicht klettern, und schon gar nicht schwere Waren hinunterbringen. Das Problem verschärfte sich nun aber, da die Servicefirma des Stapler nicht noch eine Platine lagernd hatte und es offensichtlich noch ein anderes Problem gab. Inzwischen waren drei Tage vergangenen und fast keine Pakete konnten versendet werden, über 1.000 Lieferscheine blieben liegen. Die Länderteams gingen in E-Mails „wo bleibt die Ware?" unter und die Telefone bei uns und eBay liefen heiß. Hauptproblem war ja in erster Linie, dass wir keine Trackinginformation versenden konnten und die Kunden immer nervöser wurden. Im Laufe des folgenden Wochenendes spitzte sich die Situation zu und am Montag wurde ich dann letztlich zu einem dringlichen Konferenzgespräch zu eBay Österreich zitiert. Man erklärte mir, dass die eBay Grundsätze besagen, dass ich verpflichtet wäre, jede angebotene Ware verfügbar zu haben. Ich beteuerte, die Ware ja zu physisch zu haben, aber aufgrund des Staplerproblem nicht auf sie zugreifen zu können. Natürlich interessierte sich eBay dafür recht wenig, die hatten schon genug Probleme mit negativer Presse und wollten nicht noch ein Problem mit einem großen powerseller. Es wurde von uns gefordert, dass wir unter allen Umständen ab dem kommenden Tag wieder versenden konnten. Dafür erklärten sich die eBay-Leute bereit, den bisher wartenden Kunden unser Staplerproblem zu kommunizieren. Außerdem mussten wir in den Auktionen neue Lieferfristen angeben (und zwar zehn Tage), was sich natürlich negativ auf die Menge der Gebote und die erzielten Verkaufspreise auswirkte. Letztlich mussten wir zu einer sehr teuren Notvariante greifen und auf eigene Kosten einen zweiten Stapler anmieten und mittels Sondertransport anliefern lassen, bis der erste repariert war. Am siebenten Tag nach dem Zwischenfall konnten wir wieder normal ausliefern, zu diesem Zeitpunkt hatten sich bereits 3.200 Lieferscheine aufgetürmt.

LEHRE: Backup !

AIR CARGO

Im Herbst und WInter 2003 waren die allerneuesten DVD-Player, die auch DIVX-Formate abspielen konnten, unser Renner. Da außer der deutschen Firma Elta und uns noch niemand ein solches Gerät am Markt hatte, verkauften wir bis zu 50 Stück pro Tag. Wir wollten den Artikel natürlich voll für das Weihnachtsgeschäft ausnutzen und bestellten kräftig nach. Anfang Dezember waren nun endlich weitere 2.000 DIVX Player in Hamburg angekommen. Als wir aber den Container übernehmen wollten, teilte uns der chinesische Produzent mit, es täte ihm furchtbar leid, aber er könne uns die Ware nicht liefern, denn er müsse Sie einen anderen seiner langjährigen Großkunden geben. Würde er das nicht tun, so laufe er Gefahr, einen seiner größten Abnehmer zu verlieren. Ich konnte es nicht fassen, wir verkauften ja weiterhin DIVX Player wie wild, es war einer unserer wichtigsten Artikel und wir konnten jetzt nicht liefern. Der Produzent meinte aber, er habe weitere 2.000 Stück in Shenzen stehen, er wäre bereit, sie mir zum Flughafen Hongkong zu liefern, von dort müsse ich aber selbst weitersehen, wie ich sie schnell nach Wien bekäme. Anfang/Mitte Dezember Ware aus China nach Europe zu transportieren ist eigentlich illusorisch, wenn man nicht Monate zuvor bereits den Platz gebucht hat, denn jeder möchte in dieser Zeit seine Artikel transportieren, um die neuesten Produkte noch rasch vor Weihachten auf den Markt zu werfen. Die Bestände in Wien gingen nun aus, aber die neue Ware aus HK wurde nicht bewegt. Tägliche Telefonate mit Airlines, Speditionen und Disponenten halfen auch nichts, es hieß stets: „morgen, morgen, morgen". Das Backlog wuchs täglich, bis es irgendwann die 1.000-Stück-Grenze durchbrach. Wir waren verzweifelt und haben es bei alle Airlines probiert, aber jeder wollte seine Ware vor Weihnachten geliefert bekommen und für uns war kein Platz auf den Flügen. Am 16. Dezember gegen 03h00 Früh rief mich ein mir unbekannter Typ einer Spedition aus Hongkong auf meinem Handy an. Er meinte, er hätte eine Möglichkeit für uns die Ware noch vor Weihnachten zu bekommen. Wenn ich interessiert wäre,

dann solle ich mir seine Kontonummer aufschreiben und noch am selben Tag 20.000 US$ an ihn überweisen, ansonsten komme die Ware erst im Januar an. Ich habe die Nummer aufgeschrieben. Ich hatte keine Ahnung, wer das war, aber er wusste über unser dringendes Transportproblem Bescheid und es war meine einzige Chance. Sechs Stunden nach diesem Gespräch haben wir das Geld per SWIFT nach China geschickt, und am nächsten Tag war die Ware tatsächlich auf dem Flieger zu uns unterwegs. Es war das größte Backlog, das wir je hatten, 1.611 DIVX player haben wir an einen einzigen Tag versandt und fast alle sind noch knapp vor Weihnachten angekommen. Ein kleines Weihnachtswunder – aber nicht immer gingen böse Geschichten so gut aus.
LEHRE: Keep it simple.

AUTOMATISIERUNG – SEGEN ODER FLUCH ?

Das „Pickerl"-System war unglaublicher Weise immer noch in Gebrauch, obgleich wir bereits über 250 Sendungen pro Tag verschickten. Wir hatten es mittlerweile perfektioniert, die Sticker waren nach Buchstaben geordnet - was für sich schon eine unglaubliche Verbesserung des Systems war - aber irgendwann wuchs uns die Sache trotzdem über den Kopf, wir kamen nicht mehr nach. Das Kontrollieren der Eingangszahlungen in der Früh dauerte immer länger, die Schrift auf den Aufklebern wurde durch die Hektik immer undeutlicher. Vor allem in England machten uns ähnliche Kundennamen immer mehr Probleme. Das Verpacken besorgte nun zwar mittlerweile unser erster Angestellter (Herbert, er war außer mir und Davies der Einzige, der von Anfang bis zum Ende blieb) aber das Rechnungen Schreiben war nicht mehr zu bewältigen. Wir haben die Abwicklung auf das automatisierte eBay-Abwicklungssystem Auctionweb umgestellt (www.auctionweb.de).

Das Auctionweb war eine große Entlastung für uns, die Rechnungen und Lieferscheine kamen automatisch aus dem

Drucker, die Gutschriften für nicht zustande gekommene Deals nach den Auktionen wurden automatisch beantragt. Und die Kunden wickelten Ihre Auktionen nun selbst ab, statt persönlich mit uns Zahlung und Versand zu vereinbaren. Das war sehr erholsam, aber für mich etwas unpersönlich. Ich hatte das Gefühl vom Markt weiter weg zu sein, und die Kontrolle war nicht mehr so richtig bei uns. Das Abwickeln direkt mit dem Kunden hatte einfach viele Vorteile, der eine wollte ein unauffälliges Kuvert, der andere wird noch einen anderen Artikel später ersteigern, der Dritte will es erst in drei Wochen geschickt bekommen, wieder ein anderer will sich die Farbe seines Gratisautos aussuchen oder selber vorbeikommen. Das alles war nun nicht mehr so einfach zu klären, wir haben dadurch einfach ein wenig abstand zum Kunden bekommen, und eines dämmerte mir damals schon, nämlich, dass dies nicht unbedingt der „eBay-Way" war. Aber diese Entwicklung war absehbar, die Umsätze auf eBay explodierten und das musste ja alles irgendwie bewältigt werden.
Die Implementierung eines jeden Systems, so gut es auch war, führte immer dazu, dass die Kontrolle erschwert wurde und die Systeme und deren Output - sprich, die Daten, die sie uns gaben - natürlich auch kontrolliert werden mussten.
Insgesamt wurden zahlreiche Vorgänge irgendwann automatisiert, die anfangs manuell gemacht wurden, doch nicht immer war die Automatisierung ein Segen...

Einstellen von Auktionen: Wir haben nur kurz probiert, diesen Vorgang zu automatisieren, es hat sich als großer Fehler erwiesen. Das tägliche Beobachten der erzielten Preise, die Stimmung am Markt, das war wichtig, nur so konnte man entscheiden, wie viele Auktionen welcher Artikel verträgt ohne seinen Marktwert durch ein zu hohes Angebot zu drücken. Der Einstellprozess hing von so vielen Faktoren ab. Das Wetter, Feiertage und Sportereignisse, 10 cent Einstelltage auf eBay, Wahlen, Medienthemen, die Entwicklung von Kategorien, neue Kategorien und Einstelloptionen uvm. waren in verschiedenen europäischen Ländern zu berücksichtigen und hatten Einfluss auf Menge, Art und Zeit des Listens von Artikeln. Das Einstellen wurde bis zum Ende manuell durchgeführt und war einer der Erfolgsfaktoren unserer eBay-Tätigkeit.

Kaufabwicklung: (Zu empfehlen ab ca. 200 Auktionen am Tag.) Irgendwann geht es einfach nicht mehr, jedem Kunden ein E-Mail nach erfolgreicher Auktion zu senden, aber andererseits gibt man damit vieles an Flexibilität und an Kundenservice auf. Die automatische Abwicklung weiß ja nicht, ob der Kunde bereits vor dem Kauf eine neutrale Packung wollte oder erst in drei Wochen die Zustellung wünscht oder das Geld in einem Kuvert schicken möchte, einen speziellen Vermerk am Kuvert oder keinesfalls ein Kuvert sondern eine Schachtel usw.. Gerade neue Kunden auf eBay fühlten sich durch die automatische Abwicklung oft überfordert. Die Automatisierung bringt dann nicht bezahlte Auktionen und Beschwerden und oft auch negative Bewertungen mit sich.

Auslesen der Bankkonten: konnte nur für einige Banken gemacht werden, außerdem gab es auch hier immer wieder Abweichungen, so zahlten manche Kunden einige Cents zu wenig ein oder - ein Klassiker - unter einem anderen Namen oder doppelt, bei Verwendung des Pickerlsystems war so etwas sofort geklärt, aber in der automatisierten Abwicklung war es nicht immer so einfach, oft war es aufwendig, die richtige Personen zu finden. Außerdem war es notwendig, beim Verkauf in mehrere Länder über verschiedenen Systeme und Formate die Daten einzulesen und natürlich mussten diese auch kontrolliert werden. Irgendwann dauerte die Kontrolle ebenso lange wie das Einlesen. Zu diesem Zeitpunkt haben wir dann wieder auf manuelles Auslesen umgestellt.

Auslesen von PayPal: Auch hier haben wir nach einigen Monaten die Automatisierung wieder eingestellt, da es zu viele Differenzen gab und wichtige Hinweise und Bemerkungen der

Kunden von der Automatisierung „verschluckt“ wurden.
Übernahme der Versanddaten: An sich klingt es logisch; der Kunde gibt seine Adressdaten selbst ein, dann kann eigentlich nichts mehr schief gehen. Tatsache ist jedoch, dass es gerade hier extrem viele Dinge zu berücksichtigen gibt. Es muss entschieden werden, mit welcher Methode versendet wird (Post, Kurier, Spedition), es muss die Adresse kontrolliert werden, Fehleingaben gehen schließlich immer zu unseren Lasten und resultieren in Problemen mit dem Kunden oder dem Transportunternehmen. Weiters muss auch noch darauf geachtet werden, dass die Adressen sich überhaupt in Europa befinden, es ist oft nicht einfach festzustellen ob sich z.B. eine Adresse in Frankreich befindet oder in Französisch Guyana. So kostete etwa der Versand einer Brotbackmaschine nach Französisch Guyana ca. 900 €! (glauben sie es mir: wir - bzw. unser vollautomatisierter Versand - haben das ausprobiert.) Schließlich dauerte das Nachkontrollieren der Adressen irgendwann länger als das Eintippen der Adressen. Radikal zurück zum manuellen Eingeben gingen wir erst nach der UPS-Katastrophe. Dazu später.

Aktualisieren des Lagerstandes: Anfangs hatten wir den Lagerstand einfach im Kopf, das funktionierte mit bis zu zwanzig Artikeln problemlos; dann aber wurde es zunehmend schwieriger und wir haben begonnen Excel-Listen zu führen. Auf den Listen war der Stand täglich aktualisiert und die historischen Daten wurden beibehalten, dadurch konnte man die Verkaufsgeschwindigkeit abschätzen und entsprechend disponieren und einstellen. Dieses System war wunderbar, alle drei Monate wurde der Lagerstand dann physisch nachkontrolliert und verglichen, so bekamen wir den Schwund auch in den Griff. In Abstimmung mit einer unserer finanzierenden Banken waren wir leider gezwungen, ein wirklich professionelles Warenwirtschaftssystem, ein KMU-Lösung von SAP im Unternehmen zu implementieren. Von da an fuhren wir auf zwei Schienen, einerseits die schrittweise Einführung von SAP sozusagen als akademische Übung, und für jene, die tatsächlich mit den Waren zu tun hatten, weiterhin Excel sheets. Es war der blanke Horror. Das SAP System funktionierte nach etwa achtzehn Monaten Adaptierungs- und Entwicklungszeit immer noch nicht perfekt und war mit ein Grund für den Untergang der qentis, aber auch dazu später noch mehr.

Finanzbuchhaltung: Anfang 2005 stellten wir die FIBU komplett auf SAP um. Zugegebenermaßen ist das ein funktionierendes, wenn auch ungewohntes System, aber man kann damit leben.

Zur Automatisierung und generell zum Arbeitsablauf ist anzumerken, dass ich und mein Partner Davies zeitweise bis zu 250 Verkäufe täglich zu zweit komplett abgewickelt hatten, inklusive Verpacken. Also 125 Vorgänge pro Mann und Tag. Natürlich hat unsere Lebensqualität darunter gelitten, aber immerhin war es zu bewerkstelligen und die Fehlerquote war sehr gering. Kurz vor dem Ende der qentis arbeiteten 62 Personen an der Abwicklung von 1.000 Transaktionen täglich. Das macht pro Person fünfzehn Transaktionen am Tag! Diese Zahlen sprechen eine mehr als deutliche Sprache. Das eBay System ist nun mal nicht für große Strukturen geschaffen, mit der Arbeitsteilung entstehen Komplexität und Probleme, die ein wirtschaftliches Arbeiten nahezu unmöglich machen. Die Gründe dafür sind:

KUNDENNÄHE: Man kennt den Kunden nicht mehr „persönlich", jedes Problem wird von einem anderen Mitarbeiter behandelt, im schlimmsten Fall bearbeiten mehrere Mitarbeiter den selben Fall gleichzeitig. Man kennt dadurch aber auch nicht mehr die Bedürfnisse der Kunden, weil diese Information nicht mehr zu den Einkäufern und Entscheidungsträgern gelangt. Jeder Mitarbeiter behandelt nur mehr einen Teilaspekt des Kundenwunsches, einer macht die Logistik, ein anderer die Garantieabwicklung, der Dritte ist nur mehr für Refundierungen zuständig,... Eine komplexere Frage führte beispielsweise so zu einer nahezu paradoxen Situation. Ein Kunde schrieb uns mit folgenden Anliegen an: „Bei meinem DVD Player ist die Fernbedienung kaputt, ich wäre aber bereit, einen zweiten zu kaufen, wenn sie mir die defekte Fernsteuerung dort beilegen könnten; ach ja: was kostet denn der Versand nach Irland und kann ich eventuell auch per Scheck zahlen? Weiters würde ich gerne wissen welche DIVX Codes nun abspielbar sind?“ Diese Anfrage an uns wurde tatsächlich an fünf verschiedene Mitarbeiter aufgeteilt und resultierte in insgesamt 24 E-Mails an den Kunden, der letzten Endes seine Fernbedienung zur Begutachtung zu uns senden musste (von einem weiteren Kauf nahm er Abstand....) ahhhh!

NACHVOLLZIEHBARKEIT: Es wird viel Zeit für die Dokumentation aufgewendet, jeder Fall muss sehr detailliert dokumentiert sein, damit jeder den Kunden bearbeiten kann. Manche Fälle waren so skuril, dass sie von meinen Mitarbeitern ausgedruckt und an die Wand gehängt wurden. Teilweise umfasste die Dokumentation bis zu sieben Seiten; allein das Einlesen dauerte für einen Mitarbeiter bis zu einer Stunde, und auch dann war immer noch nicht gewährleistet, dass man den Fall korrekt verstand, insbesondere wenn bereits 5 oder mehr Mitarbeiter an der Dokumentation mitgewirkt hatten.

REAKTIONSZEIT: Man kann nicht mehr rasch genug reagieren. Folgender Ablauf würde vermutlich ein eigenes Team einen ganzen Tag lang beschäftigen: „Wenn dieser Kunde bezahlt hat, dann schicken wir den Artikel express und besonders gut verpackt an die Adresse im Urlaub - gemeinsam mit einer weiteren Bestellung. Dann schicken wir ihm auch noch eine SMS, um den Versand zu bestätigen“. Dies ist ein klassisches Beispiel bei dem eine automatisierte Kaufabwicklung im eBay System in seiner jetzigen Form an ihre Grenzen stößt.

UNPERSÖNLICH: Die ganze Sache wird unpersönlich. Das, was ursprünglich ja an eBay so sympathisch war, nämlich, dass man sich gegenseitig was verkauft, so von Garage zu Garage – dieser Aspekt ist dann nicht mehr vorhanden. Die Formulierungen werden irgendwann so gewählt, dass es später keine Rechtsfolgen gibt. Außerdem können die tonnenweise einströmenden E-Mails mit Fragen nicht mehr alle beantwortet werden, schon gar keine persönlichen. Man ist plötzlich eine nur noch eine Firma. Letztlich wirkt sich das dann aber auf die Bewertungen und die Toleranz bei Problemen aus. Auf einen Konzern schlägt man schließlich viel lieber ein, als auf den ehrlichen Inhaber einer Ich-AG.

EINSCHÄTZUNG: Letztlich ist aber auch, und das haben wir leider wirklich irgendwann vergessen, derjenige, der die E-Mails beantwortet für den Kunden auch der Händler. Es ist nun mal kein reiner customer care desk, es geht schließlich auch immer um die Bewertung und wirklich um die Beziehung zum Kunden. Das Bewertungssystem ist das Rückgrat des eBay Systems, ohne dieses ist es nicht möglich, Vertrauen zu einer eigentlich unbekannten Person aufzubauen. Wenn hinter dem eBay Namen aber eine ganze Firma steckt und der Kunde auch das Gefühl bekommt es mit einem bürokratischen Apparat zu tun zu haben, wird es unangenehm! Durch das Instrument der Bewertung, das immer wie ein Damoklesschwert über dem Haupt der Verkäufer schwebt, hat er nämlich ein Druckmittel, das die Kunden, die im Geschäft um die Ecke, oder die in einem selbstständigen Online Shop einkaufen, nicht haben. Und er wird es in den meisten Fällen auch einsetzen.
LEHRE: Achte darauf, dass der Segen der Automatisierung nicht zum Fluch wird.

BACKLOGS

Nach etwa einem Jahr der Geschäftstätigkeit haben wir auch etwas begonnen, womit wir und auch viele andere Verkäufer nie wieder aufgehört haben. Backlogs! Es handelt sich hierbei um jene Artikel, die bereits verkauft sind, obwohl sie der Verkäufer noch gar nicht besitzt. Zum Teil wird Ware verkauft, die noch gar

nicht produziert wurde! Ein sehr beliebtes Spiel im Online Handel, wahrscheinlich eine der Säulen dieses Geschäfts, bei dem jeder verkauft aber keiner Ware hat. Es gibt viele Gründe für diese Praktik: kein Kapital, um Waren zu kaufen, viele Angebote ohne sich ein Warenlager anlegen zu wollen, Lieferschwierigkeiten oder aber fallende Preise. Also haben wir das auch manchmal gemacht. Es funktioniert so: es kostet heute zum Beispiel auf eBay eine 1GB Speicherkarte 46,99€ und der Einkaufspreis liegt laut meinem Exlieferanten bei 39$ netto, also kein sehr aufregendes Geschäft (schließlich muss man ja noch die Mehrwertsteuer von 16% oder 20% vom Brutto-Verkaufspreis abziehen). Allerdings sagt mein Kollege in den USA, mit Ende der nächsten Woche, also etwa zwei Wochen nach der CES, der größten Elektronikshow in Nordamerika, bekommen die Händler die Messeware zum Messepreis von 33US$(!). Selbstverständlich wird jeder Händler warten, bis er die Ware billiger kaufen kann. Und so beginnt das Spiel mit den Backlogs. Mal ist es Ware, die man später billiger kaufen kann, mal ist die Ware unterwegs, ein anderes Mal hat man die Ware gar nicht u.s.w. Außerdem ist es auch ein Finanzierungsmittel, denn bis die Ware vom Verkäufer bezahlt wurde kann man mit dem Geld jonglieren.
So sah ich beispielsweise bei eBay.de vor einiger Zeit einen Anbieter von Sofas. Er verkauft diese in 1 € Auktionen, es liefen sechzehn Auktionen gleichzeitig. Endpreis lag jeweils so um die 1.000 € und pro Tag liefen etwa drei aus. Obgleich es gegen die eBay-Regeln verstößt, gab er als Lieferzeit bis zu vierzehn Wochen nach Bezahlung an. Im Prinzip bestellte er die Ware in Fernost erst, sobald er das Geld hatte, die Produktion dauert 30 Tage, der Transport etwa 40, und schon funktioniert der Trick mit den Backlogs. Man spielt mit dem Geld anderer Leute, denn im Prinzip gehört einem dieses Geld überhaupt nicht. Und da fängt auch das enorme Risiko an: in vierzehn Wochen sammelt er mit seiner Methode bis zu 280.000 € ein, je nach seiner Kapitaldecke stellt das ein enormes Risiko für seine Käufer dar, wenn z.B. die Sofas auf dem Schiff verfaulen oder schadhaft

produziert wurden, wenn der Produzent nicht liefert, wenn es Probleme beim Zoll gibt u.s.w.
Wir haben unsere Margen auch bisweilen auf diese Weise optimiert und hatten stets genügend Kapital um zu arbeiten. Der Nachteil der Backlogs ist allerdings eine Flut von E-Mails: „Wo bleibt die Ware?“. Dann kommen die negativen Bewertungen durch verärgerte Kunden. Besonders deutsche eBay Kunden verlieren bei verspäteter Lieferung sehr bald die Geduld, die Drohung mit dem Anwalt, dem Finanzamt oder Ähnlichem ist da noch harmlos. Unzählige Kunden drohen mit körperlicher Gewalt oder mit dem Anzünden des Büros, sogar Morddrohungen sind vorgekommen. Und wirklich kritisch wird es, wenn die Ware dann wirklich nicht zu besorgen ist. Es gibt nun mal Zeiten, da sind bestimmte Waren nicht zu bekommen und der Zustand kann Monate dauern, und dann brennt der Hut.
Trotz allem darf man meiner Meinung nach nicht seinen Sinn für Humor verlieren. Der frühere Mieter unseres ersten Büros handelte mit rezeptfreien Medikamenten, deren Muster im Büro geblieben waren. Da sie für uns schwer zu entsorgen waren (die Apotheken nehmen nur Haushaltsmengen zurück), wussten wir nicht wohin damit. Nachdem zwei eBay Kunden uns mit körperlicher Gewalt gedroht hatten, haben wir das Pharma-Entsorgungs-Problem gelöst, indem wir den beiden jeweils mehrere Kilogramm an abgelaufenen Psychopharmaka geschickt haben und als Absender die Adresse des jeweils anderen eBay Kunden angegeben haben. Wir haben nichts mehr von ihnen gehört....
LEHRE: Verkaufe nur, was Du auch wirklich hast.

EINSTELLEN

Im Gegensatz zu nahezu allen anderen Powersellern auf eBay haben wir unsere Artikel, bis auf eine kurze, erfolglose Testphase, stets manuell gelistet. Ich hatte das Gefühl, nur so einen wirklichen Überblick über die Preisentwicklung und den

Markt haben zu können. Durch das manuelle Einstellen war ich gezwungen, mir täglich die Mitbewerber anzusehen, außerdem ist es mir sofort aufgefallen, wenn eBay Änderungen am System, neue Kategorien oder Design-Elemente, Attribute oder neue Kästchen zum Antippen, neue Postgebühren zum Eintragen usw. einführte (was durchaus häufig der Fall war). Bei den automatischen Systemen wurde das in der Regel immer erst etwas später bemerkt, übernommen und implementiert.
Einmal haben wir testweise automatisch gelistet. Das ging allerdings ordentlich schief. Unser Plan war es, in einem Land alle Artikel automatisch zu listen, aber anfangs natürlich trotzdem jeden Tag nachzukontrollieren, was gelistet wird und welche Preise wir erhalten usw.. Die Praxis sah freilich bereits nach kurzer Zeit ganz anders aus: nach einer Woche kümmerte sich niemand mehr um die automatischen Angebote, alles schien perfekt zu laufen, warum also jeden Tag genauso viel Zeit mit dem Kontrollieren zu verbringen, wie mit dem Listen, wenn man stattdessen Freizeit haben konnte. Nach kurzer Zeit war es ein Chaos, Artikeln liefen mit miserablen Preisen aus, bei anderen wieder wurden neue Angaben nicht gemacht und niemand konnte mehr die Artikel finden usw. Nach etwa drei Wochen kehrten wir zum manuellen System zurück. In den ersten zwei Jahren habe ich alleine jeden Tag die Artikel gelistet, diese Tätigkeit war einerseits der Motor der ganzen qentis-Maschine, andererseits hat mich die Arbeit aufgerieben. Ich hatte keinen einzigen freien Tag. Zwei Jahre lang, egal ob ich in Wien, Hongkong, China oder sonst wo war, jeden Tag irgendwann zwischen 16h00 und 22h00 Uhr europäischer Zeit musste ich die Artikel einstellen. Das dauerte je nach Marktsituation bis zu zwischen zwei und fünf Stunden täglich. Es war sehr schwer, jemanden auf diese Arbeit einzuarbeiten. Man konnte nicht irgendwen vor den Monitor setzen und ihm sagen, er solle heute etwas mehr von diesen und etwas weniger von jenen Artikeln einstellen. Das war ein Job, wie ihn sonst professionelle „commodity-trader“ ausüben und die waren in Wien absolute Mangelware. Als ich einmal bemerkte, dass mein Mitarbeiter,

der neuerdings für das Einstellen zuständig war, zur gewohnten Einstellzeit nicht im Büro war, rief ich ihn an und fragte wo er sei. Er sagte er hätte Hunger bekommen und sitze nun zu Hause vor dem Computer und stelle von dort aus ein. Ich wusste, dass er dadurch mindestens eine Dreiviertelstunde in Verzug war, aber was mir noch mehr Sorgen breitete war, dass er fast doppelt so lange für die Arbeit brauchte, wie ich, da er noch zu wenig Erfahrung hatte. Da die Auktionen (wir verwendeten Auktionen von 3/5/7 und 10 Tagen Laufzeit – je nachdem wie gut der Artikel lief) auch genau zu der Uhrzeit ausliefen, zu der wir sie listeten, bedeutete dies, dass die letzten Auktionen, die an jenem Tag erst um 23h00 eingestellt wurden, und auch um diese Zeit ein paar Tage später enden würden. Da sitzen nicht mehr so viele Leute vor dem Computer wie zum Beispiel um 19h00. Ich erklärte dem Mitarbeiter, dass sein Abendessen der qentis ca. 10.000 € an Verlusten und etwa 30.000 € weniger Umsatz beschert hatte. Danach nahm er seine Arbeit zwar sehr Ernst, aber er bat nach einiger Zeit um eine Versetzung. Die Verantwortung war ihm zu groß geworden.
Silvester 2002/2003 verbrachte ich im Büro vor dem Monitor, es war das erste mal, dass ich nicht feierte und ich war erstaunt, wie viele Menschen unmittelbar vor und nach Mitternacht E-Mails schickten. Im ersten Jahr machten wir einen Umsatz von 400.000 € und hatten einen Gewinn von 70.000 €.
LEHRE: Auch in Zeiten des Cyberspace zählt Handarbeit manchmal immer noch mehr.

BEWERTUNGEN

Das Lieblingsthema und ewiges Ärgernis aller eBayer sind die Bewertungen. Natürlich sind die Bewertungen das eigentliche Rückgrat des eBay Systems, andererseits aber verhindern diese oft ein korrektes, geschäftsmäßiges Vorgehen. An starken Tagen setzte die qentis bis zu 100.000 € bei bis zu 1.000 Transaktionen um. Natürlich gab es dann immer wieder mal Probleme und heftige Diskussionen, die von Kundenseite immer mit der Androhung einer negativen Bewertung begleitet waren. Nun ist es ein ungeschriebenes Gesetz, dass einer negativen Bewertung jeweils weitere negative folgen. Außerdem führen negative Bewertungen dazu, dass Kunden anfangen, miteinander zu kommunizieren, was bei ähnlich gelagerten Probleme gleich zu phantasievollen Verschwörungstheorien führen kann. In Zahlen ausgedrückt sieht das also so aus: jede negative (mit extremen Anaschuldigungen im Text) zieht in der Regel weitere fünf negative mit sich, eine solche kleinere Serie führte dann bei der qentis rein rechnerisch zu einem Umsatzrückgang von ca. 10%, und zu ebenfalls etwa 10% weniger Geboten, in manchen Ländern z.B. Großbritannien sogar bis 20% weniger Gebote. Der Margenverlust an einem einzigen Tag kann dann bis 5%, also 5.000 € ausmachen. Dies bedeutete also, dass man im Extremfall ein relativ großes Budget hatte, um negative Bewertungen zu verhindern. So lag also Erpressung und Bestechung rund um Negative an der Tagesordnung. Im Härtefall wurde dem Kunden dann einfach eine großzügige Refundierung angeboten, wenn er von einer negativen Bewertung absehen würde oder sie zurück nahm. In einem bestimmten Fall wurden wir sogar indirekt durch eBay selbst aufgefordert, die Kunden zu „bestechen". Wir hatten auf einem österreichischen Account durch ein Transportproblem mit der österreichischen Bahn (ich rate von dieser Transportmethode dringend ab), bei dem die Zustellung von Stromgenerator vier Wochen innerhalb Österreichs dauerte (ohne Trackingmöglichket), ca. zwanzig Negative auf einmal kassiert. Darauf hin wurde das account gesperrt. Wollten wir weiterhin in Österreich verkaufen, so teilte uns eBay mit, so müssten wir die zwanzig Kunden dazu bringen, die negativen Bewertungen zurückzunehmen. Was blieb uns anderes übrig, als den Kunden ein Geschenk bzw. Geld anzubieten, obgleich dies in den eBay-Rules ja eigentlich verboten war.

In den ersten Jahren des eBay Geschäfts gab es einen hilfreichen Trick, wie man die Negativen größtenteils wieder loswerden konnte. Die im anglo-amrikanischen Raum beheimatete

Firma Squaretrade bot eine Mediation über negative Bewertungen an. Jedes Mal, wenn wir eine Negative erhielten, haben wir diese zur Mediation via Squaretrade.com angemeldet, diese kostete damals ungeachtet vom Ergebnis der Mediation 10 US$. Darauf hin bekam der Kunden eine englischsprachige E-Mail von Squaretrade in der er aufgefordert wurde, auf unsere erste Stellungnahme zu seiner negativen Bewertung zu reagieren. Nun gab es meist drei typische Reaktionen des Kunden (insbesondere in nicht-englischsprachigen Märkten):

1. er konnte die email gar nicht lesen, weil sie in seinem Junk Ordner landete,
2. er löschte Sie sofort weil er Sie für Spam hielt,
3. er las Sie durch, regte sich nochmals über die qentis auf und löschte sie dann.

Theoretisch wäre die vierteVariante gewesen darauf zu reagieren, Stellung zu beziehen aber das kam selten vor und wenn, dann fanden wir meist wirklich eine einvernehmliche Lösung, die zur Entfernung der negativen Bewertung führte.
Das Gute daran war, dass wenn der Handelspartner innerhalb von zwei Wochen keine Stellungnahme abgab, seine negative Bewertung automatisch gelöscht wurde. So konnten wir lange Zeit fast alle Negativen sehr einfach entfernen lassen.
Nach einiger Zeit wurde dieser Trick aber bekannt und das Mediationsservice von Squaretrade auf USA und UK beschränkt.
Um negativen Bewertungen zu entgehen gab es natürlich noch weitere Methoden. Die eine war es, die Diskussion um den vorliegenden Fall so lange hinzuziehen bis, zumindest über den normalen Bewertungsweg von 90 Tagen, keine Bewertung mehr abgegeben werden konnte. Eine andere war es, dem Kunden in entsprechenden Fällen mit rechtlichen Schritten im Sinne der Kreditschädigung zu drohen (diese Möglichkeit besteht durchaus, wenngleich wir sie in der Praxis nie genutzt haben). Ein anderes, eher subtileres aber durchaus effektives Mittel war,

wenn es klar wurde, dass die Negative nicht mehr verhindert werden konnte, den Fall völlig zu eskalieren und dem Kunden sogar nahe zu legen uns in seiner Bemerkung zu beschimpfen. Das geht relativ einfach, es reicht dazu einem aufgebrachten Kunden etwa zu schreiben, dass er es nicht wagen wird/soll/darf uns als Diebe, Betrüger, Gauner oder Ähnliches zu bezeichnen - eben das tat er dann meist umgehend in seinem verletzten Stolz. Der Vorteil war, dass jene Bemerkungen und Bewertungen nicht den eBay-Regeln entsprachen und sehr schnell entfernt werden konnten.
LEHRE: Der Kunde ist immer der König.

GABELSTAPLER

Der schwerste jemals für qentis produzierte Artikel war der Gabelstapler CL-01, das 800 Kg schwere Gerät wurde erstmals im Oktober 2004 bestellt und konnte durch viel Verhandlungsgeschick auch noch mit einer Hyundai Lizenz ausgestattet werden. Es ist bei solchen Geräten nicht einfach einen geeigneten Hersteller zu finden, es müßen gerade bei einem solchen Ungetüm viele Sicherheitsanforderungen stimmen und es gibt, man muß ja bedenken daß chinesische Fabriken für die ganze Welt Produzieren eine Unmenge an möglichen Konfigurationen für solche Stapler. Diese Versionen variieren bei der Betriebsspannung, Frequenz, Leistung, Wendekreis, Steuerung, Sprache, Materialien, Dimensionen usw. Wir haben uns also erstmal bei der Export-Messe in Kanton nach einem geeigneten Hersteller umgesehen.
Einkauspreis ab China waren 2980 USD, 18 Stück passen in einen 40 Fuss Container, in Europa angekommen und inklusive der Hyundai Lizenz kostet ein Stapler dann ca 3200 Euro im Einkauf. Der besagte Stapler konnte Paletten auf 320 cm Höhe heben. Bereits im Zuge dieser ersten Bestellung war ungewönlich viel Kommunikation notwendig um dem Produzenten unsere Wunschvorstellungen zu vermitteln. Schliesslich dauerte die Diskussion um die Gabeldimension alleine fast ein Woche.

Aber schliesslich sind die Stapler in Wien angekommen. Nach dem Auspacken in der Spedition kam aber dann die Böse Überraschung: die Gabeln waren um 5cm zu breit und der Stapler damit unbrauchbar da er keine Europaletten heben konnte. Sofort setzten wir uns mit dem Produzenten in Verbindung und wollten die Stapler zurückschicken, die Fabrik aber bezog sich auf ein älteres email in dem tatsächlich eine falsche Dimension vorgeschlagen wurde (was später korrigiert wurde) und wollte von einem neueren mail und der Bestätigung dessen nichts mehr wissen. Als folge daraus verweigerte der Hersteller daher die Stapler zurückzunehmen und wollte nichts mehr von der Sache wissen, auch die Intervention von Hyundai half dabei nicht. Nun hat es keinen Sinn in China bei einer so komplexen Rechtslage irgendwelche Rechtsschritte einzuleiten, wir recherchierten also was gemacht werden konnte, ein Umbau war fast unmöglich, jeder Stapler müßte vom TÜV abgenommen werden, inklussive Arbeit fast 2000 Euro pro Stapler, das war nicht wirtschaftlich. Wir recherchierten also und stellten fest daß die Dimension auf US-Seefrachtpaletten passen würde, glücklicherweise waren diese Stapler in den USA auch noch sehr teuer und wir entschieden uns die Stapler neu zu verladen und in die USA zu liefern. Parallel dazu mussten aus China nun 18 Ladegeräte für 110 Volt (die Stromspannung in den USA) produziert werden, welche per Luftfracht gleichzeitig mit dem Container in den USA ankommen sollten. Die verbliebenen 18 Ladegeräte für 230 Volt sollte dann für die nächsten Stapler in Europa genutzt werden.
Aber in den USA gab es dann nur Probleme, die Ladegeräte für 110 Volt waren nicht rechtzeitig fertig und so konnten die Stapler nicht entladen werden da keine passenden Ladegeräte besorgt werden konnten. Wir mussten also vorerst mal weitere 60 Tage warten bis die Ladegeräte endlich in den USA ankamen. Die Stehgebühren für Seecontainer sind enorm teuer weil die Reedereien verhindern wollen daß diese zu lange ungenutzt bleiben. Nun konnte endlich entladen werden und wir konnten mit dem Verkauf beginnen. Nächstes Problem war daß sich sofort nach dem listen auf Ebay.com, Hyundai USA, bzw. deren

Anwalt bei uns meldete und uns die Nutzung des Markennamens untersagte. Sofort wendeten wir uns an Hyundai Europa die uns selbstvertsändlich erklärten mit der US-Tochter nichts zu tun zu haben und die Lizenzen zu bezahlen sind. Aber leider ging das Theater noch weiter. Schon bald erfuhren wir daß kaum Jemand US-Seefrachtpalletten verwendet, so daß der Verkauf nur sehr schleppend voranging, es dauerte fast 2 Jahre bis die 18 Stapler verkauft waren.
Bei der nächsten Messe in Kanton trafen wir dann gemeinsam mit unseren Leuten von Hyundai auf den Produzenten, bzw auf deren Mitarbeiterein Ms. Apple. Wir erklärten Ihr daß eigentlich Sie selber schuld sind an allen unseren Problemen und wir bereits 30.000 USD verlust hatten und wollten wissen wie Sie uns bei der nächsten Bestellung entgegenkommen würde. Nach langem überlegen war sie bereit uns 10 USD(!) pro Stapler nachzulassen. Nach heftigen Protesten verliessen wir also den Stand und meinten wir werden andersweitig bestelllen. Aber nachdem wir alle anderen Hersteller abgeklappert hatten mussten wir feststellen, daß niemand sonst diese Stapler in diesen Dimensionen und der gewünschten Qualität produzieren konnte. Nun hatten wir ja außerdem bereits 18 Ladegeräte um 680 USD in unserem Lager und der Artikel war ja ein guter. Also pilgerten wir wieder zurück zu Ms. Apple um das Angebot doch noch anzunehme, unverschämterweise meinte sie aber daß sie das Angebot nun nicht mehr machen kann und der Stapler nun 20 USD teurer sei. Nun ja abgesehn vom Prinzip war mir das Egal und wir orderten weitere 18 Stück. Das Gute an der Sache war allerdings daß wir bis zum Ende der Qentis noch ca 7 Container Stapler mit sehr guten Margen verkauften.

LEHRE: Der chinesische Ast ist der längere

DAS RICHTIGE PRODUKT FINDEN

WICHTIG

Nahezu alle Waren, die wir produzieren ließen - und manchmal könnte man auch den Eindruck bekommen, fast alle Waren überhaupt - kamen aus China, zumindest aber aus Asien. Jedes nur erdenkliche Produkt kann aus China bezogen werden und das von zumindest zehn verschiedenen Anbietern. Chinesische Produzenten sind nicht nur erfolgreich, weil die Preise so gut sind, vielmehr ist ausschlaggebend, wie einfach und flexibel der Ablauf des Geschäfts ist. In der Regel reichen einige E-Mails, um eine detaillierte PI (Proforma Invoice) zu erhalten. In dieser wird festgehalten, welcher Artikel in welcher Ausführung gewünscht ist. Die wichtigsten Punkte auf einer PI sind:

- genaue Produktbezeichnung
- Artikelgewicht
- Artikelvolumen
- Verpackungsart
- Artikelfarbe
- Stromspannung
- TV Norm
- verwendeter Netzstecker
- Kabelnorm
- CE Konformität (unbedingt auch TÜV Prüfbericht anfordern)
- Menge
- Preis
- Zahlungskonditionen
- Produktionszeit
- Ersatzteile
- extra Verpackungen
- Containergröße und Menge
- notwendige Lizenzen und Nachweis der Bezahlung (Dolby/Mp3/DVD etc)
- genaue Bankverbindung

Nach dem Erhalt der PI wird die Produktion mit der Anzahlung in Gang gesetzt, meistens dauert die Produktion wesentlich länger als angegeben, darauf muss man sich einstellen, niemals die Zeit knapp kalkulieren, Gartengeräte für März und Klimaanlagen bereits im Oktober ordern, lieber die fertige Ware dann verzögern und später los senden lassen.

FRAGENKATALOG FÜR DIE MESSE

Der beste Platz um neue Waren zu finden, ist natürlich eine der zahlreichen Messen, wie sie schon im vorigen Kapitel beschrieben wurden. Wichtig ist es, einen aktuellen Katalog zu haben und sich am besten am Katalog zu notieren, wie die Ware wirklich aussieht, denn manchmal gibt der Katalog einen falschen Eindruck der Produkte wieder.
Nach dem ersten Besuch auf einer Messe war mir klar, dass hier die Zukunft lag. Ich plante, OEM Ware zu produzieren, und unsere eigenen Marken auf den Markt zu bringen. Viele, sehr viele Artikel versprachen damals eine riesige Marge. In zwei Tagen sammelte ich ca. 80 kg Prospekte. Der Rücktransport der Kataloge nach Wien ist eine eigene Story. Ich war von da an zweimal pro Jahr in Hongkong, die Messebesuche wurden Routine und jedes Mal, wenn ich wieder dort war, fiel mir die Arbeit auch leichter. Ich wusste naturgemäß mit der Zeit immer genauer, wie ich Fragen zu stellen hatte um die Hersteller auf etwaige Schwachstellen „abzuklopfen“, einzuschätzen, was viel versprechend klang, welcher Hersteller nicht wirklich professionell war und wer ein guter Partner werden könnte. Man kannte mich mit der Zeit, manche Hersteller wollten unbedingt für uns produzieren.

Hier eine Auflistung der wichtigsten Fragen auf einer Messe. Wer diese Fragen und seine genauen Bedeutungen nicht kennt, wird nicht unbedingt auf der Messe selbst Probleme haben, aber spätestens bei der Bestellung der Ware!

„What ist he MOQ?" (Minimum Order Quantity)
Wie viel Stück muss man mindestens kaufen?

„Do you already produce this?"
Viele Artikel sind noch gar nicht in Produktion, sondern nur Prototypen. Es kann ein Jahr dauern, bis der Produzent es tatsächlich herstellen kann. Oder er wird es möglicherweise nie produzieren.

„Are you a producer?"
Einige Aussteller sind nur Händler und keine Produzenten, das kann manchmal problematisch werden, wenn man nachbestellen will, oder epidemische Fehler auftreten. Bei komplexeren Artikeln ist davon eher abzuraten.

„What is the lead time? How long for the real production time?"
Die Produktionszeit kann manchmal sehr lange sein! Normalerweise 30 Tage, aber wir haben auch schon mal acht Monate gewartet!

„Do you have CE?"
Ohne CE (Communauté Européenne – der „Warenreisepass" für den EU Binnenmarkt) geht's nicht. Für den Import nach Europa müssen elektronische Geräte CE zertifiziert sein. Natürlich kann man das auch selbst veranlassen, das Gerät sollte dann aber auch die Normen erfüllen können, sonst ist der Bericht negativ und viel Geld für den Prüfbericht des TÜV oder eines ähnlichen technischen Büros schnell weg. Das Ganze ist überhaupt ein Thema für sich, es gibt 1.000 Möglichkeiten zu einem CE zu kommen, letztlich kann man einfach selbst dafür haften, aber grundsätzlich gilt, nur was der TÜV getestet hat, sollte importiert werden. Das Risiko, dass sich jemand verletzt oder gar zu Tode kommt ist viel zu groß, und ein Prozess ist heutzutage in solchen Fällen garantiert. Wer sich dann als Hobbytechniker das CE Zertifikat selber ausgestellt hat, handelt sich aufregende Probleme ein.

„Do you accept OEM?“ (Original Equipment Manufacturer)
Die meisten Unternehmen bieten das natürlich an, man kann seine eigene Marke am Gerät des Produzenten und seine eigene Verpackung haben. Manche große Unternehmen, wie z.B. Hayer, Lenovo oder Loncin bieten das nicht mehr an, sie sind inzwischen bereits durch OEM so groß und kapitalkräftig geworden, dass sie nun ihre eigene Marke aufbauen wollen. Die meisten Produzenten in China leben allerdings von der OEM Produktion und sind genau darauf spezialisiert. Im Prinzip sieht man sich auf einer Messe die Artikel verschiedener Fabriken an. Diese Fabriken haben kein eigenes Marketing im Consumer Market, sondern nutzen mehr oder weniger nur Messen und vor allem das Webportal alibaba.com, um Kunden zu akquirieren. Die Kunden haben in der Regel einen Markt, den Sie beliefern möchten. In meinem Fall war es eben eBay, dazu denkt man sich nun eine Marke aus und kauft sich ein Sortiment verschiedener Artikel in China zusammen, Manche Marken sind also reine OEM Marken, wie z.B. ELTA oder PLU2, andere wiederum verlangen prinzipiell ein eigenes Design für jeden Artikel, das ist natürlich viel teurer, macht aber das Sortiment attraktiver und eigenständiger. Dies läuft dann unter ODM (Original Design Manufacturer). Typische ODM Kunden sind Multis wie Philips, Kennwood etc.. Diese verlangen ein eigenes Design, welches kein anderer Kunde vom Produzenten bekommen kann. Man kann aber natürlich auch versuchen, ein eigenes Design zu bekommen oder eine bestimmte Farbe oder Muster etc. Es gibt viele Möglichkeiten, sein Produkt so zu individualisieren, dass es sich vom Rest des Marktes abhebt.

„What are your terms of payement?“
Üblicherweise sind die Zahlungsbedingungen LC oder TT.
LC bedeutet Letter of Credit, ein Akkreditiv: die Bank bezahlt gegen Übergabe der Verschiffungsdokumente (und gegebenenfalls einer unabhängigen Qualitätsprüfung), dem so genannten Bill of Lading (B/L). Erst durch das B/L geht die Ware in den Besitz des Käufers über. Das Akkreditiv ist erste Wahl, wenn

Bestellungen 50.000 $ oder mehr ausmachen, da hier die Sicherheit gegeben ist, dass man genau die Ware auch bekommt, die man bestellt hat.
TT bedeutet CASH. Der Produzent möchte meistens 30% der Gesamtsumme bei Auftragsvergabe und 70% bei Fertigstellung der Ware in China. Erreichen kann man im Idealfall (bei gutem Verhandlungsgeschick und bekleidet mit langen Hosen) 100% Zahlung gegen das Bill of Lading erst, wenn die Ware am europäischen Hafen eingetroffen ist. Dazwischen ist alles möglich, natürlich auch Kombinationen zwischen TT und LC.

„Do you accept inspection clause?"

Bedeutet, dass das LC (Letter of Credit) eine Klausel enthält, dass nach einer Qualitätskontrolle durch den eigenen Qualitätsprüfer, oder einem unabhängigen Prüfer (z.B. SGS, www.sgs.com oder dem TÜV oder einfach dem Spediteur seiner Wahl) der Käufer bei Mängel zurücktreten oder Nachbesserung verlangen kann. Die Bank gibt das Geld an den Produzenten erst frei, wenn die Qualitätskontrolle zur Zufriedenheit des Kunden durchgeführt wurde. In der Regel haben die chinesischen Produzenten keine große Freude mit einer solchen Klausel und es wird zunehmend schwieriger, so etwas durchzusetzen.
Möglich ist allerdings, sich einen guten und flexiblen Spediteur zu suchen, der einem ermöglicht, die Ware nach dem eintreffen anzusehen bevor das Bill of Lading vorliegt und auch bevor es zu einer Verzollung kommt. Dann kann man immer noch mit dem Produzenten verhandeln, wenn etwas nicht passt. Andernfalls kauft man ein wenig die Katze im Sack, obgleich meine persönlichen Erfahrungen mit der Produktqualität und bei Bedarf mit Nachbesserungen sehr gut waren.

„What ist the items weight?"

Vor allem für eBay Verkäufer kann es hier zu bösen Überraschungen kommen, wenn das Gewicht etwa die üblichen Schwellenwerte von 31,5 oder 50 kg oder gar 70 kg, je nach

Transportunternehmen, übersteigt. Dann nämlich bleibt nur mehr die Spedition um die Ware zum Kunden zu bekommen und das ist oft nicht mehr wirtschaftlich, oder sogar unbezahlbar. Man sollte daher das Gewicht von Artikel und Verpackung genau überprüfen, die Angaben in Katalogen können stark von der Realität abweichen.

„What type of packaging do you offer?"
Eine extrem wichtige Frage, denn Transportschäden (am Weg zum Endkunden beim Einzelversand) sind eine äußerst mühsame und aufwendige Angelegenheit. das Gerät muss ersetzt, möglicherweise neu oder umgepackt und oftmals das kaputte Teil zurückgeholt werden. Gute Verpackung ist daher extrem wichtig.

„Does the product need special transport care?"
Manche Artikel können aber auch bei bester Verpackung nicht sicher versendet werden, wenn innen schwere Teile Momentum aufnehmen können, welche das Gerät von Innen zerstören können, Abhilfe kann durch Transportsicherungen geschaffen werden, aber Achtung, jeder zweite Kunde übersieht diese und schaltet das Gerät sofort ein, ohne sie zu entfernen, also braucht es dann wiederum Aufkleber am richtigen Platz, um die Kunden zu warnen.

„Do you supply spare parts?"
Ersatzteile immer gleich dazuverlangen, man braucht die auf jeden Fall, in der Regel sind 1% bis 3% Ersatzteile inkludiert.

„Can I have exclusivity fort his item?"
Bei größeren Mengen kann man durchaus versuchen, für seinen Markt Exklusivität zu bekommen, man garantiert dazu eine bestimmte Abnahmemenge über einen Zeitraum, dafür verpflichtet sich der Produzent niemand anderen in diesem Markt zu beliefern. Gerade für eBay ist das ein wichtiger Punkt.

„Do you pay licenses, are any patents affected by this product?“
Diesen Fragen muss man bei einigen Produkten auf den Grund gehen. So werden, vor allem von kleineren Produzenten, nur selten die Lizenzen für THX, DSP, DVD, MP3, Dolby usw. bezahlt. Der Zoll in Europa kann sich aber durchaus dafür interessieren, da die Lizenzen die wirtschaftlichen Interessen europäischer Unternehmen betreffen. Die Ware kann dann im schlechtesten Fall sogar beschlagnahmt oder zerstört werden. Ähnlich verhält es sich mit Marken und Patenten. So manches chinesische Gerät wird mit einem Honda Motor ausgestattet. Obgleich der Motor echt ist, benötigt man auch die Rechte, um sie in Europa in Umlauf zu bringen, eine Abmahnung von Honda ist daher durchaus zu befürchten. Es kann aber auch zu einer einstweiligen Verfügung kommen. Wer sich nicht sicher ist, ob mit den Lizenzen alles ok ist, der sollte sich besser nach einem alternativen Hafen für den Import umsehen wie z.B. griechische, italienische oder osteuropäische Häfen, allerdings dauert die Abfertigung dort wesentlich länger als in Hamburg oder Rotterdam.

Insgesamt muss man aber bei der Fragerei an den Produzenten immer bedenken, dass der Produzent meistens genügend Kunden hat. In den vergangenen Jahren ist insbesondere die Nachfrage aus dem chinesischen Markt selbst enorm angezogen, so dass oft gar keine Produktionskapazität vorhanden ist. Die Fabriken bevorzugen daher in erster Linie Kunden aus dem Inland, weil die komplizierten Exportformalitäten wegfallen. In zweiter Linie wünschen sich die Produzenten dann doch eher unkomplizierte Kunden.

Im Folgenden ein kurzer Überblick über die Entscheidungswege, die bei der qentis zu der Bestellung einer Ware geführt haben und welche Überlegungen diesbezüglich angestellt wurden. Die richtige Ware ist natürlich das Um und Auf um am Markt erfolgreich zu sein. Die Überlegungen zielen in erster Linie auf eigene Produktionen ab, können aber auch auf Sonderposten oder reguläre Ware angewendet werden. Wir hatten einen Grundsatz bei der qentis, der lautetet: wir kaufen nie eine Ware, die uns von einem Händler angeboten wird. Wann immer wir uns darüber hinwegsetzten, machten wir letztendlich Verluste mit diesem Artikel.

ALIBABA

Eine nunmehr sehr beliebte Methode des sourcings ist das Internetportal www.alibaba.com . Tausende chinesische und indische Produzenten finden sich hier für allerlei Produkte, allerdings auch sehr viele Händler. Für eine langfristige Beziehung ist es aber von Bedeutung, direkt mit dem Produzenten zu verhandeln. Das festzustellen ist oft nicht ganz trivial. Für ausgefallene Produkte ist Alibaba eine sehr gute Quelle, für Massenprodukte, für die es zahlreiche Produzenten und Händler gibt, empfiehlt sich eher ein Messebesuch.

MARGE

Basis der Entscheidung ist natürlich, ob das Produkt eine interessante Marge aufweist, je nach Finanzierungskosten und Struktur sollte man mit mindestens 50 bis 100% Bruttomarge kalkulieren. Zahlreiche Software-Programme von Baywotch, Hammertap und natürlich am besten eBay selbst, ermöglichen Analysen über die in der Vergangenheit erzielten Preise dieser Produkte auf den verschiedenen eBay-Plattformen. Achtung aber bei Trendprodukten: bedenken Sie immer, dass sie nicht der Einzige sind, der jetzt eine bestimmte Ware bestellt. Sie sollten immer versuchen Waren so zu bestellen, dass sie sich von den anderen Marktteilnehmern abheben. Das kann entweder ein eigenes Design sein, eine eigenes Set für ihr Produkt oder auch nur eine ganz eigene Farbe oder aber eine lizenzierte Marke. Die höchsten Margen realisierten wir bei der qentis mit jenen Artikeln, die im herkömmlichen Vertrieb über möglichst viele Zwischenstationen laufen. So unterlagen z.B. Dampf-Duschkabinen in der Regel einen komplexen Stufenvertrieb mit erheblicher Logistik, denn ein Container fasste ca. 30 Duschen, es gab also in der Regel einen Importeur, dann einen Großhändler und dann erst einen Detailverkäufer, so kam es, dass eine Duschkabine im Handel ca. 5.000 € kostete, die in der Produktion in China nur 700 US$ kostet. Wir waren anfangs in der Lage durchaus 3.000 € für solche Duschkabinen zu erzielen, bis uns viele kopierten... dann sanken die Preis bis auf 900 € pro Stück.

MENGE

Wichtig ist, ob die benötigte „MOQ“ (minimum order quantity) - meistens der Inhalt eines 40“ Containers - auch in einem vernünftigen Zeitraum abgesetzt werden kann. Hier muss man das Verhältnis von Marge/Zeit bewerten um eine vernünftige Entscheidung treffen zu können. Bei manchen Produzenten kann man auch verschiedenen Produkte ordern und diese dann in gemischten Containern ankommen lassen, je besser Sie in der Lage sind, dies zu steuern, desto mehr Geld werden sie verdienen.

PREISSTABILITÄT

Viele Artikel versprechen zum Zeitpunkt der Bestellung enorme Margen (besonders im Elektronikbereich), aber gerade hier kennt der Preis nur eine Richtung, nämlich hinunter. Z.B. kostete zu einem gewissen Zeitpunkt LCD-TVs 32 ZOLL auf eBay 998 €, ich hatte aktuell ein Angebot für 720 US$ bei Produktion in China. Das klingt super - vor allem bei einem Schnelldreher, wie LCD-TVs - aber es gibt nun zwei Möglichkeiten, entweder die Ware kommt mit dem Schiff, also inklusive Produktion und

Transport in etwa 90 Tagen oder mit dem Flieger in 50 Tagen aber um 50 € pro Stück zusätzlichen Transportkosten. In jedem Fall haben sich bis dahin die Preise am Markt wieder geändert. Dass die 998 € noch erzielbar sind, wenn die Geräte mal da sind, ist eher unwahrscheinlich. Daher muss man immer versuchen abzuschätzen, wohin sich der Produktpreis entwickeln wird, wenn das bestellte Produkt lieferbar ist.
Bei manchen Produkten kommt es oft zu dem in der Wirtschaftstheorie bekannten „Schweinezyklus". So waren beispielsweise im Sommer 2004 die Verkaufspreise (und damit auch die potentiellen Margen) für ATVs und Quads ganz ausgezeichnet. Also bestellten wir für die kommende Saison eine ganze Menge dieser Fahrzeuge. Offensichtlich hatten noch einige andere Marktteilnehmer dieselbe Idee so, dass es 2005 zu einem deutlichen Überangebot kam und die Preise total in den Keller rasselten. Bei so teuren Produkten sind die Verluste dann natürlich empfindlich und eine ganze Reihe von diesen Verkäufern musste sich endgültig vom Marktplatz verabschieden. Jedenfalls bestellte kaum einer mehr ATVs oder Quads für den nächsten Sommer nach. Im darauf folgenden Jahr waren die Preise wieder ok.....

SAISON

Gerade bei Produktionen sind natürlich Saisonalitäten besonders zu beachten, einerseits weil nahezu jede Ware irgendwie saisonal ist (ich empfehle hier das Buch Hoferissimo, in dem die wöchentlichen Angebote von Hofer zusammengefasst werden, die jedes Jahr gleich bleiben), andererseits weil eine Lieferung der Ware nach der Saison eine Katastrophe ist, Beispiele dafür sind, Gartengeräte Ende Oktober, Auto Hifi Anfang Jänner, LCD-TVs nach Weihnachten, Fahrräder oder Motorräder Ende August usw. Um beim Produzenten sicherzustellen, dass die Ware (zumindest halbwegs) pünktlich kommt, ist Zahlung mit Akkreditiv und verbindlichem shipping date zu bevorzugen - leider akzeptieren das nicht alle Produzenten.

EBAY KATEGORIEN/KEYWORDS

Nicht unwesentlich für den Erfolg eines Produktes ist auch, ob es überhaupt Kategorien für den Artikel gibt und über welche Suchbegriffe der Artikel gefunden werden kann. Manche wirklich gute Elektronikprodukte können einfach nicht eingeordnet werden und haben daher zu wenige Gebote. Wichtig ist auch, ob beliebte Suchbegriffe zu dem Artikel führen. Wenn es keinen eingeführten Namen für den Artikel gibt, wird es schwierig, ihn zu finden und er bekommt entsprechend wenige Gebote. Bei markenähnlichen Artikeln ist zu beachten, dass es natürlich nicht gestattet ist den Namen eines Markenproduktes zu verwenden um das eigene Produkt zu bewerben (z.B. „Tasche ähnlich Gucci“). Andererseits ergeben sich Chancen: sie können z.B. durchaus einen Kamerakran zusammen mit einem Sony Stativ anbieten, um so - erlaubter Weise - den Begriff “Sony“ in der Titelzeile zu verwenden. Im Verhältnis zum Kran kostet das Stativ fast nichts, aber sie haben viel mehr Treffer bei der Suche. Ähnlich haben wir es mit „no name“ Kameras zusammen mit Original Olympus, Sony oder Nikon Taschen gemacht.

GEBÜHRENSCHEMA KONFORM

Wichtig ist auch noch, ob das Listen des Artikels mit dem Gebührenschema von eBay harmoniert, ein 40 € Artikel, den ich nur durch Toplistings verkaufen kann, wird ein Problem werden, ein 500 € Artikel dagegen ist einfacher zu verkaufen, weil teurere Listinggebühren eher in der Marge Platz haben. Ebenso wichtig ist die Überlegung, wie es mit „Sofort Kaufen“ Angeboten aussieht, manche Artikel können nur via Sofortkaufen verkauft werden, man setzt sich damit aber einem sehr harten Preiskampf aus, in dem in der Regel nur der Billigste etwas verkauft und die anderen keinen Umsatz machen. Wenn sie also einen Artikel haben, der nur via Sofortkaufen verkauft werden kann, müssen Sie sich Ihrer Sache schon sehr sicher sein, Bei der qentis haben wir in der Regel meist nur Sofortkaufen zu guten Preisen gehabt. Nur ei oder bei jenen Artikeln, die über

Auktionen verkauft wurden, gab es Sofortkaufen Angebote zu sehr hohen Preisen um die Ersteigerungspreise der 1 € Auktionen zu verbessern. Einen Trick, den wir hin und wieder mal angewendet haben, sei Ihnen an dieser Stelle verraten: sie haben einen Artikel für den Sie Z.B. 239 € brauchen um ihn lukrativ zu verkaufen, machen sie nun einen Sofortkaufen Auktion, in der Sie das Produkt überall um 329 € anpreisen, aber als tatsächlichen Verkaufspreis dieser Auktion geben sie 239 € ein. Viele Kunden werden nun annehmen, es sei ein Zahlendreher und kaufen das Produkt, manchmal sogar mehrere, in der Annahme, es sei ein Super-Schnäpchen. Übrigens: stellen sie keine zu großen Mengen in Sofortkaufen Auktionen ein, je weniger Stücke es sind desto eher werden die Kunden zugreifen, weil Sie befürchten, nach Auslaufen dieser Auktion keine Stücke mehr bekommen zu können.

FOTOGEN

Ist mein Artikel fotogen? Eine wichtige Frage, denn letztendlich verkauft man vorerst ein Bild und kein Produkt. Wenn der tollste Artikel sich nicht schön fotografieren lässt, dann sollte man überlegen, ob man den Artikel wirklich online anbieten sollte. Auch sollte man beim Fotografieren nicht sparen. Wenn sie 500 Stück eines Artikels einkaufen, kann ein gutes Bild durchaus drei, viert oder mehr Euro mehr pro Verkauf bringen, sie sehen also welches Budget hier eigentlich zur Verfügung steht. Wir haben unser eigenes Fotostudio gehabt, aber es reichen wohl ein weißer Hintergrund und zwei stärkere Studioblitze und Softboxen um schöne Ergebnisse zu erzielen. Am besten ist es aber, einen Profi fotografieren zu lassen.

VERSANDGEEIGNET

Eine der wichtigsten Kriterien überhaupt.

- Wie gut kann der Artikel befördert werden?
- Welches Gewicht und welchen Umfang wird das Paket haben?
- Wie teuer ist der Transport?

- Überlebt das Ding einen Fall aus 80 cm Höhe?
- Besteht das Risiko von verdeckten Schäden?
- Bei schweren Artikeln: kann ich die Transportkosten zum Kunden überhaupt noch rechtfertigen?
- Was kostet eine Spezialverpackung?
- Kann die Ware beim Produzenten versandfertig gemacht werden?
- Gibt es Transportsicherungen (und: geht das Gerät kaputt, wenn man diese vergisst)?
- Diese Fragen müssen geklärt sein, bevor man einen Artikel bestellt.

KONFORMITÄT

Die Konformität, also CE sollte vollständig geklärt sein. Bei ganz einfachen Geräten mit Schwachstrom kann die Konformität auch vom Geschäftsführer der Firma selbst festgestellt werden. Man muss aber schon bedenken, was alles passieren könnte. Über eine Taschenlampe o.Ä. kann man sich im Normalfall schon mal drüber trauen. Alle anderen Geräte, die mit 230V laufen, sollten aber unbedingt eine passende CE Zertifizierung durch den TÜV oder ein anderen technisches Büro vorweisen können und die Modelnummer des angeschafften Produktes sollte mit jener aus dem Bericht des TÜV übereinstimmen. Spezialprobleme bei der Konformität treten bei Motorrädern auf, weil hier jede Behörde in Europa die Sache anders sieht. Vorsicht ist auch bei Chemikalien gegeben, die sich in Geräten oder Fahrzeugen befinden, wie z.B. Kühlflüssigkeiten, Öle etc.. Auch die Oberflächen aller Geräte, die mit Lebensmitteln in Kontakt kommen, müssen speziell behandelt sein. Auf jeden Fall ist unbedingt eine Importeurs-Haftpflichtversicherung abzuschließen,

MARKEN- UND PATENTRECHTE

Man sollte keine Mühe scheuen und gut überlegen, welche anderen Rechte und Patente auf dem einen oder anderen

Produkt lasten. Es wird in China alles kopiert, es gibt Kopien von Hilti Bohrern ebenso wie von Honda Motoren oder Bosch Startern uvm. Der Verkauf dieser Artikel führt auf jeden Fall zu Problemen. Es ist zwar sehr schwer, jedes Risiko auszuschließen, aber sobald Markennamen im Spiel sind, oder die Artikel Markenartikeln zum Verwechseln ähnlich sehen, ist allerhöchste Vorsicht geboten. Ein Markenartikel kann, ohne große Probleme zu befürchten, kopiert und dann z.B. in Zentralafrika oder der Mongolei in den Verkehr gebracht werden, aber nicht online in Europa. Es gibt zahlreiche Unternehmen, die von den Marken- und Patentinhabern beauftraget werden, genau solche Dinge aufzuspüren; vor allem wenn der Name des Patentinhabers im Angebot erwähnt wird, ist es kein Problem das Angebot schnell zu finden. Und bitte bedenken Sie, wenn sie z.B. ganz offiziell ein Markenprodukt in einem anderen Land einkaufen (natürlich ein Original und keine Fälschung) und es dann z.B. nach Deutschland bringen, haben sie trotzdem NICHT das Recht, diesen Artikel hier zu verkaufen und würden dadurch möglicherweise gegen das Markenrecht verstoßen.

LIZENZEN

Bei vielen elektronischen Geräten und Medien sind zahlreiche Lizenzen zu bezahlen, z.B. für Dolby, MP3, DVD und viele mehr. Dies wird an vielen Häfen rigoros kontrolliert. Bei Nichtbeachtung kann die Ware konfisziert werden. Es ist eine komplexe Thematik, denn auch bei Bestätigung der Fabrik, die Lizenz bezahlt zu haben, kann es sehr schwierig werden zu prüfen, ob die Gebühren auch wirklich spezifisch für die gelieferten Geräte bezahlt wurden. Das Risiko bleibt letztendlich am Importeur hängen. Die Lizenzinhaber wiederum verfolgen immer stärker jene, die die Lizenzen nicht bezahlen.

EXKLUSIVITÄT

Wenn möglich, sollte man sich auch die Exklusivität beim Produzenten für einen Artikel sichern; andernfalls wird schon bald der nächste Händler den gleichen Artikel importieren (falls der Artikel erfolgreich ist),

KOMPLEXITÄT

Auch die Komplexität eines Artikels ist ein wichtiger Faktor. Der Artikel kann noch so toll sein; wenn der Kunde jedoch Spezialkenntnisse für den Betrieb braucht, dann wird es unweigerlich zu Scheinschäden kommen, weil der Kunden das Gerät nicht korrekt bedienen oder in Betrieb nehmen kann und er möglicherweise annimmt, es sei kaputt. Oder aber es kommt zu übermäßig vielen Fragen an den Verkäufer. Letztlich schlägt sich beides negativ auf die Marge und die Bewertungen nieder.

RMA RESISTENT

Nichts ist unangenehmer, als festzustellen, dass ein an sich guter Artikel ein „loser" wird, weil man in der Garantieabwicklung dann Probleme hat. Die häufigsten Probleme bei der RMA (Rücksendung von Geräten, Garantieansprüche, Bedienungsprobleme, etc.) sind Qualitätsprobleme, das Nichtverstehen des Produktes oder falsche Handhabung. Interessanterweise sind jene Artikel, die eine Montage benötigen, meist die unproblematischsten, da sich einerseits ein Fachpublikum hier bedient, andererseits nach der Montage zumindest die klassische Garantie erloschen ist.

QUALITÄTSKONTROLLE

Es gibt an sich drei Möglichkeiten, die Qualität der produzierten Waren zu testen.

Die einfachste ist es, sich vor und am Ende der Produktion Muster senden und parallel dazu Fotos der Ware schicken zu lassen. Wenn die Muster ok sind, bezahlt man die noch offene Restrate und die Ware geht auf Reisen. Die etwas strukturiertere ist es, ein Unternehmen, wie etwa SGS, zu beauftragen, die die Qualitätskontrolle nach genauen Vorgaben vor Verschiffung der Ware durchzuführen. Dabei kann der Aufwand durch viele Parameter skaliert werden (wie viele Muster werden getestet, welche Tests werden gemacht etc.) eine „QC" (quality control) kostet dann zwischen 400 und 4.000 €.

Wer viel importiert kann sich auch selbst eine eigene Mitarbeiterin in China anstellen. Dafür sind pro Monat etwa 500 € bis 700 € inklusive eines Schreibtischs in einem Büro aufzuwenden. Ein Flugticket innerhalb von China kostet selten mehr als 200 €. Eine Mitarbeiterin vor Ort zahlt sich in der Regel sehr schnell aus, da sie bessere Preise und Konditionen verhandeln und Fehlern vorbeugen kann. Diese Variante hatten auch wir bei der qentis für unsere China-Produktionskontrolle gewählt und sind zufrieden stellend damit gefahren.

FINANZIERUNG DER PRODUKTE

Hauptthema nahezu aller größeren eBay-Verkäufer ist die Finanzierung der Ware. Je mehr Kapital ich habe, je billiger und risikoärmer das Kapital ist, desto besser läuft mein Geschäft.
Die Finanzierung des eBay Geschäfts erweist sich aber als sehr schwierig, vor allem deshalb, weil das System von der klassischen Struktur des Handels entschieden abweicht. In der Regel gibt es im Handel einen Importeur/Großhändler, der an einen Detailhändler liefert. Für diese Struktur stehen verschiedenste Finanzierungsmodelle zur Verfügung wie etwa, Kreditversicherungen, Factoring, Warenfinanzierung durch Banken etc. Kaufen Sie aber, so wie auch die qentis früher, direkt vom Produzenten im Ausland und verkaufen diese Ware danach über eBay, dann wird es schwierig, weil Ihrem Einkauf keine konkreten Aufträge gegenüberstehen (Man kann ja im Voraus nie sagen, wie viele Auktionen laufen werden und vor allem zu welchen Preisen die Auktionen .auslaufen werden).

LIEFERANTEN

Die risikoärmste Methode der Finanzierung ist der Lieferantenkredit. Lieferanten sind in der Regel bereit, innerhalb der EU soviel Ware zu liefern, wie die Forderung bei einer der Kreditausfallsversicherung versichert werden kann; manchmal auch mehr, wenn die Geschäftsbeziehung schon etwas gereift ist und es keine Probleme oder Zahlungsverzögerungen gegeben hatte. Um versicherbar zu sein, bedarf es aber zumindest einer positiven Bilanz, in der Regel eher zwei bis drei Bilanzen. Läuft das Geschäft gut sind die versicherbaren Summen erheblich. Die Nachteile sind aber die Kosten für den Lieferanten, dieser muss alle seine Forderungen versichern. Abgesehen davon, erhält der Lieferant die Versicherungssumme nur im Insolvenzfall des Kunden. Das bedeutet in der Praxis, dass der Lieferant bei Zahlungsproblemen sehr rasch versuchen könnte, einen Konkursantrag einzubringen.

EIGENKAPITAL

Nichts geht über das eigene Kapital, es kostet nichts und man ist damit konkurrenzlos, was die Finanzierung anbelangt. Wenn man nicht das Bedürfnis hat, mit seinen Geschäften in den Himmel zu wachsen, ist es am besten, Geschäfte nur mit eigenem Kapital zu machen. Gerade in einen so kompetitiven Markt wie eBay ist man damit sicherlich bestens bedient.

BANKEN

Wenn Sie mehrere erfolgreiche Bilanzjahre vorweisen können, werden sie auch in der Lage sein, einen Bankkredit zur Warenfinanzierung zu bekommen. Zu Beginn zwar nur in bescheidenen Rahmen (vorausgesetzt, es gibt keine zusätzlichen Sicherheiten oder werthaltige persönliche Haftungen) aber im Laufe der Jahre „wächst" die Bank mit Ihnen mit.
Drei gute Tipps hierzu: neben Ihrem Betriebsmittelkredit können sie immer wieder versuchen, spezielle Situationen im Geschäft zu nutzen um Ihre Bank zur Finanzierung eines bestimmten Projektes zu bringen. Im eBay Geschäft z.B. zur Finanzierung eines besonders lukrativen Postens Ware, oder aber zur Errichtung einer Montagestation oder Ausrüstung, die Ihnen anderswo Kosten einspart.
Der zweite Tipp: reden sie mit mehr als einer Bank. Ist eine Bank interessiert, Ihnen Kredit zu geben, wird es im Normalfall auch eine weitere sein, der Umstand, dass sie bereits Kredit von einer Bank haben, bedeutet nicht, dass eine andere Bank nicht noch mehr Kredit zur Verfügung stellt.
Und letztlich: bleiben Sie ehrlich und transparent, auch Ihre Bank versteht, wenn es einmal nicht so super läuft, letztlich ziehen Sie am gleichen Strang.

ZWISCHENHÄNDLER

Wir haben aufgrund des schnellen Wachstums der qentis Zwischenhändler, bzw. Financiers verwendet, um die Waren, die wir in Fernost eingekauft haben, zu finanzieren. Im Prinzip ist die Sache einfach: man sucht nach einem idealer Weise schon etablierten Großhändler oder Importeur von Waren. Diesem bietet man nun an, Aufträge zu platzieren für Waren, die man selbst kennt und vereinbart einen fixen Aufschlag auf die Ware sowie ein Zahlungsziel. Der Zwischenhändler hat für diese Geschäfte in der Regel bereits etablierte Finanzierungsmodelle wie z.B. Factoring, Eigenkapital, Kreditversicherung oder Banken, die ihm sein Geschäft finanzieren, oft eine Kombination aus mehreren dieser. Auf die Besonderheiten und Gefahren der Finanzierung mit Zwischenhändlern wurde bereits in den vorigen Kapiteln eingegangen.

FACTORING FALLE

Eine ganze Reihe von Unternehmen im Großhandel, vor allem jene, die sehr große Ketten mit guter Bonität beliefern, nutzt Factoring als Ihre Hauptfinanzierungsform. Factoring bedeutet, dass man als Käufer nicht an den Verkäufer bezahlt, sondern direkt an dessen Factoring Bank. Die Forderung an den Verkäufer, so heißt es in der Fachsprache, wurde an die Factoring Bank abgetreten. Ab sofort schuldet man das Geld also nicht mehr dem Verkäufer, sondern dessen Bank. Der Verkäufer wiederum erhält ca. 80% der an den Kunden ausstehenden Summe sofort überwiesen. An sich klingt die Sache sehr gut, in der Praxis ergeben sich allerdings manchmal einige Probleme, die man zum Großteil selbst gar nicht beeinflussen kann. Die Probleme fangen vor allem dann an, wenn sich der Verkäufer nicht ganz an die Spielregeln hält.

Mehrere unserer Lieferanten nutzten Factoring. Einer davon, Franz Apfelbaum, ein großer Lieferant der qentis, war darin ein virtuoser Meister und versuchte, damit seine gesamte Importfinanzierung zu erledigen. Apfelbaum war ursprünglich ein Holzhändler aus Oberösterreich, ein wilder Kerl von 120 kg mit riesigen Händen und ein begnadeter Verkäufer. Das Unternehmen war ein Familienunternehmen, neben ca. 40 Angestellten arbeiteten dort drei seiner Söhne (es gab deren fünf), seine Frau und seine Mutter. Er war ein Despot; alles tanzte nach seiner Pfeife und man kam im Gespräch kaum jemals gegen ihn auf. Eine Ausnahme war da lediglich seine Mutter - nach und nach hab ich begriffen, dass sie der wahre Boss im Unternehmen war,

Zurück zum Factoring: man muss wissen, was die Abtretung einiger Forderung bzw. deren Annahme durch die Factoring Bank möglich macht. Zuallererst: müssen die abgetretenen Forderungen tatsächlich existieren. Das bedeutet, die an den Käufer verrechnete Ware muss existieren, er muss darauf zugreifen können und die Laufzeit der Factoring Finanzierung ist in der Regel auf 60 Tage befristet.

Ein grobes Problem ist, dass man sich als Käufer gegen Factoring nicht wehren kann. Die Abtretung einer Forderung lässt sich tatsächlich nicht verhindern; sogar bereits bestehende Forderungen können an jemand anderen abgetreten werden. Apfelbaum bekam von uns in der Regel einen Auftrag für die Bestellung einer bestimmten Ware, die in China produziert werden sollte, Zahlungsziel waren 60 Tage ab Ankunft in Wien. Doch schon am nächsten Tag wurde uns dann zumeist die Rechnung präsentiert und zwar durch die Factoring Bank von Apfelbaum. Zu diesem Zeitpunkt gab es natürlich weder Ware, noch war überhaupt klar, ob die Ware wie von uns gewünscht produziert werden konnte. Wir haben dann natürlich sofort schriftlich Einspruch bei Apfelbaum und der Bank erhoben, aber die Bank interessiert die Reaktion des Kunden nicht. Sie reagiert nur auf den Verkäufer und solange Apfelbaum sagte die Rechnung sei ok, blieb die Bank bei ihrer Forderung. Apfelbaum wiederum versicherte uns laufend, er werde sich mit der Bank treffen und dann die Sache schon in Ordnung bringen, wir sollten uns keine Sorgen machen. Nun gut man will ja auch seine Lieferanten nicht allzu sehr verärgern, also haben wir darauf vertraut, dass die Sache in Ordnung kommt. Der Ablauf war dann immer sehr ähnlich; es war offensichtlich so, dass Apfelbaum kaum Liquidität hatte, also ließ er jede Bestellung gleich an uns fakturieren und kassierte Geld von der Factoring Bank. Damit machte er dann die Anzahlung für die bestellte Ware, in der Regel 30% vom Warenwert; die Bank hat ihm aber bereits 80%

der Rechnungssumme überwiesen, Das heißt, mit der Differenz konnte er eine ganze Weile (bis die Produktion in China abgeschlossen war) „jonglieren“. Und so ergaben sich dann immer neue Probleme. Wir kamen ständig in Konflikt mit der Bank und Apfelbaum, weil die Rechnungen zu früh ausgestellt wurden und dann doch nicht korrigiert werden konnten. Die ganze Sache gipfelte schließlich darin, dass acht Container von Elektronikartikeln, die für unser Weihnachtsgeschäft vorgesehen waren und auch bereits Mitte Oktober in Wien eingelangt waren, von Apfelbaum nicht bezahlt werden konnten. Apfelbaum probierte nun einen neuen Großauftrag zu bekommen um auch diesen zu fakturieren und dadurch die acht Container bezahlen zu können. Aber weder wollten wir einen weiteren Auftrag an ihn vergeben, noch war die Factoring Bank bereit, an die qentis weiter zu fakturieren. Die acht Container konnten dann letztlich erst im Jänner durch Apfelbaum bezahlt werden. Für uns war die Ware aber nun wesentlich weniger wert, da wir das Weihnachtsgeschäft versäumt hatten. Parallel dazu aber waren die Forderungen aus diesen acht Containern (und einigen anderen) nunmehr längst fällig. Doch die Rechnungen wurden nicht mehr korrigiert, weil Apfelbaum um seine Linien bei der Factoring zitterte. Es kam also zu einem Gipfeltreffen zwischen der Factoring, Apfelbaum, seiner Mutter und mir. Ausgangslage war, dass ich der Meinung war, keine Rechnung sei überfällig und Apfelbaum müsse uns einen Nachlass wegen des versäumten Weihnachtsgeschäftes geben; die Factoring Bank war der Ansicht, 550.000 € seien sofort fällig und Apfelbaum war der Meinung, alle sollten sich beruhigen und weitermachen, wie bisher. Unser „showdown“ fand in Oberöstereich, etwa eineinhalb Stunden von Wien entfernt, statt und sollte um 11h00 losgehen, aber alle zwanzig Minuten kam Apfelbaum und vertröstete mich, dass es nur noch zwanzig Minuten dauern würde; die Herren der Bank würden sich etwas verspäten. Letztlich trafen die Herren Banker um 14h00 ein.
Nachdem einer der Herren der Bank gleich zum Thema kommen wollte, erlaubt ich mir zu fragen, ob er sich vielleicht für die drei-

stündige Verspätung entschuldigen wolle. Seine Antwort lautete: *„sicher nicht“*; so begann das freundliche Gespräch mit der Factoring Bank, das in etwa so verlief:

Der Banker: *„Die qentis schuldet uns per heute 550.000 €, wann werden sie bezahlen?“*

Ich: *„Meinen Aufzeichnungen nach und auch laut den Unterlagen, die sie bekommen haben, schuldet Ihnen die qentis per heute Null Euro.“*

Der Banker: *„Uns interessiert das alles nicht, Apfelbaum versichert uns, dass alle Rechnungen aufrecht sind.“*

Apfelbaum hüllt sich in dezentes Schweigen.

Der Banker: *“Schauen Sie, wir brauchen sofort Geld von Ihnen oder Sicherheiten.“*

Ich: *„Wir schulden Ihnen gar nichts. Ich denke, das sollte man vielleicht doch in einem konstruktiven Gespräch untersuchen, andernfalls übergebe ich das meinem Anwalt und das Gespräch ist beende.t“*

Der Banker: *„Herr Marcovici, wir brauchen jetzt mal etwas Fungibles, Ihr Auto, Ihre Villa, das Sparbuch von der Oma oder ihre Lebensversicherung.“*

Ich: *„Ok, ich werde natürlich sofort meine Oma anrufen und das in die Wege leiten“*

Der Banker: *„Wenn Sie sich weigern, dann stellen wir einen Konkursantrag!“*

Damit war das Gespräch beendet, wenngleich sich auch die Drohung der Factor-Bank als heiße Luft entpuppte.

Einerseits zeigt dies, dass die Factoring nicht sehr viele Mittel hat, andererseits aber zeigt es auch, wie mühsam solche Verhandlungen sein können (das ganze Gespräch war ja wesentlich länger aber nicht viel ergiebiger). Die Bank interessiert sich nun mal nicht für die kleinen Probleme in der Abwicklung der Geschäfte und das macht die Sache schwierig. Lustigerweise aber ging es in dem Gespräch eigentlich um Apfelbaum, denn wenn die Forderungen an die qentis sich als nicht einbringlich erwiesen hätten, wir uns also zu zahlen geweigert hätten, dann hätte Apfelbaum die gesamten

Vorrauszahlungen wieder retournieren müssen und das waren zum damaligen Zeitpunkt gut 1,2 Mio. €. Erschwerend für ihn war dabei, dass einerseits die Ware in seinem Lager als Sicherstellung verblieb, eine Rückgabe der Ware durch die qentis also einfach war und andererseits auch, dass sein unkorrektes Vorgehen gut dokumentiert werden konnte. Letztlich arrangierte er sich mit der Factoring Bank. Zu einem echten Ende der Geschichte kam es nie, da der Konkurs der qentis (mit dem die Factoring Bank nichts zu tun hatte) die Sache dann beendete.

DER WEG ZUM KUNDEN

DIE POST

Am Anfang des Geschäfts wurden unsere damals noch kleinen Waren, Leathermans, Taschenlampen und Speicherkarten, alle mit der Post befördert. Das hatte viele Vorteile: es ging sehr schnell, man musste lediglich einen Adresskleber anbringen, es war billig und es gab keine Mindestmenge an Paketen, die befördert werden mussten. In den ersten Monaten verzichteten wir auch generell bei Waren bis 100 € auf das Einschreiben oder Versichern der Briefe. Es gab so gut wie nie ein Problem. Aber je mehr Pakete wir versandten, je größer unser account und je unpersönlicher der Kundenkontakt wurde, desto problematischer wurde es. Immer mehr Pakete kamen laut Kunde nicht an, oder es fehlte die Ware, etc. Meiner Meinung nach hatte das durchaus auch mit der Wahrnehmung des Verkäufers auf eBay zu tun. Je größer und „professioneller" der Verkäufer, desto weniger loyal ist der Kunde und desto größer wird die Chance auch mal übers Ohr gehauen zu werden.

KURIERDIENSTE

Irgendwann war es für uns nicht mehr möglich, all die Probleme, die durch die Beförderung durch die Post entstanden, zu bewältigen, und wir haben auf Kurierdienste umgestellt. Der große Vorteil des Kuriers ist die Möglichkeit der Sendungsverfolgung („tracking"). Ab dem Moment, wo der Kunde ein tracking hat, kann man als Verkäufer den Fall vorerst einmal als erledigt betrachten.

Doch jeder Kurierdienst hat nicht nur seine Vor- sondern auch seine Nachteile. Wir haben die meisten größeren ausprobiert: UPS, GLS, TNT, DHL, DPD. Man muss einfach für seine Artikel den Richtigen finden. Wir sind nach vielen „trial and error" Erfahrungen schließlich bei GLS gelandet, mit dem wir bis zum Ende sehr zufrieden waren.

Die schlechteste Erfahrung haben wir mit UPS gemacht. Unsere UPS-Geschichte verdient es jedenfalls, erzählt zu werden:

Im November 2004, kurz bevor das Weihnachtsgeschäft so richtig losging, hatten wir Besuch von unserer UPS Betreuerin. Es ist bei allen Dienstleistern von Zeit zu Zeit üblich, größere key-accounts persönlich zu besuchen. Wir haben uns damals die Pakete angesehen und festgestellt, dass wir bei einigen Artikeln sehr hohen Aufwand mit der Verpackung hatten, insbesondere wenn es sich eigentlich um 2 getrennte Teile verschiedener Größe handelte, die in einem Karton verpackt werden mussten. Unsere UPS-Kundenbetreuerin empfahl uns daher, diese Artikel in zwei verschiedenen Kartons zu versenden. Dies ist eine Eigenheit (üblicherweise ein großer Vorteil) von UPS. Bei UPS kann eine Sendung an einen Empfänger durchaus aus mehreren Paketen bestehen und trotzdem nur als eine Sendung gelten. Ich kannte dieses System bereits, weil wir zahlreiche solcher UPS-Sendungen aus den USA erhielten. Ab sofort wurden also insbesondere DVD Player, die mit diversen 5.1 Soundsystemen kombiniert waren, in zwei Paketen versandt. Das war für alle Beteiligten viel besser; leichtere Pakete für UPS, weniger Schäden und weniger Aufwand beim Verpacken für uns. Etwa 2.000 solcher Pakete verließen unser Lager bis Ende Dezember. Anfang Januar flatterte uns dann eine Rechnung von UPS ins Haus, auf der diese Sendung, gegenüber den vereinbarten Tarifen, Mehrkosten von 80.000 € aufwiesen. Dabei waren die Preise gegenüber unserem normalen Tarif oft fünfmal so teuer, so kostete z.B. Die DVD + 5.1 Kombi nach Spanien in einem Paket 22 € und in zwei Teilen plötzlich 120 €, im Schnitt kostete die neue Berechnungs-Variante 40 € mehr pro Paket. Ich hielt das Ganze anfangs für einen Verrechnungsfehler und war nicht beunruhigt; wir waren inzwischen ein großer Kunde und solche Dinge würden sich doch wohl amical klären lassen... Der lapidare Kommentar von UPS war jedoch lediglich, dass wir keinen vereinbarten Rabatt für diese Sendungsform (Mehrpaketsendungen) hätten, sondern lediglich für Einpaketsendungen und daher den Listenpreis zahlen müssen. Aus dem Angebot, das wir von UPS hatten, war aber nicht ersichtlich, dass wir nur einen Rabatt für Einpaketsendungen

hatten (nicht zuletzt, weil im UPS Konzern intern verschiedene Bezeichnungen für diese Sendungsform verwendet wurden).
Um die Geschichte abzukürzen: es war erstens unmöglich je mit den Verantwortlichen bei UPS zu reden, die Verantwortlichkeit dafür wurde von Stelle zu Stelle weiter verschoben, bis in die Konzernzentrale, allerdings ohne jeglichen Erfolg. Man ist uns letztendlich nicht einen einzigen Cent entgegengekommen. Nachdem wir gedroht hatten, die Geschäftsverbindung abzubrechen sind die österreichischen Kundenbetreuer von UPS, die uns nicht als Kunden verlieren wollten, mit folgendem Angebot zu uns gekommen: wir sollten doch falsche Gewichtsangaben machen, diese würden anschließend nicht überprüft werden und nach einem Jahr hätten wir die 80.000 € wieder eingespart. Das wollten wir natürlich nicht akzeptieren. Nachdem der Streit bereits ein Jahr lief erschien plötzlich ein Herr aus der Europazentrale von UPS bei uns im Büro, er entschuldigte sich vielmals für das Verhalten von UPS; das ganze sei natürlich ein Skandal und er würde sofort eine Gutschrift veranlassen. Zwei Wochen später bekamen wir dann von UPS die Klage gegen die wir natürlich Berufung einlegten. Es kam nie zu einem Prozess weil die qentis inzwischen Konkurs anmelden musste.
Ein zusätzliches Problem, das wir laufend mit UPS hatten war, dass die Abholer sich weigerten, die Sendungen bei uns zu scannen. Dazu muss man wissen, dass UPS (zumindest in Österreich) keine eigenen Fahrzeuge bzw. Abholer hat, sondern Subunternehmer dafür beschäftigt und deshalb bei Details der Abholmodalitäten kaum einen Einfluss auf diese hat. Das Problem, das sich daraus ergab, war aber nun, dass es nicht klar, war welche Pakete bei uns an den Fahrer übergeben wurden und welche nicht. Es wurde erst an der Rampe am Flughafen Wien gescannt. Da aber immer wieder Pakete fehlten, lag der Verdacht nahe, der Fahrer habe absichtlich nicht scannen wollen um unterwegs einige Pakete verschwinden zu lassen. Kurz - mit UPS sind wir schlecht gefahren - doch letztendlich muss jeder sich selbst den Kurierdienst seiner Wahl suchen.

SPEDITIONEN

Viele Waren überschreiten entweder das maximale zulässige Gewicht oder die maximalen Dimensionen von Paketen, welche von Paketdiensten befördert werden. In der Regel liegen diese Grenze, bei der Post bei 31,5 kg, bei den meisten Paketdiensten bei etwa 50 kg, und bei UPS bei 70 kg (aber Achtung: der liefernde Fahrer ist normalerweise alleine und wenn er alleine ein 50 kg oder gar 70 kg schweres Paket abladen muss, sind Beschädigungen gewiss!), das maximale Gurtmaß ist in der Regel um die 300 cm (das heißt zwei mal die längste Kante plus die beiden anderen dürfen 300 cm nicht überschreiten). Speditionen sind aber normalerweise nicht auf den Transport von Einzelpaketen eingerichtet, daher wird das meist sehr teuer. Insbesondere beim Transport zwischen europäischen Staaten können die Preise astronomisch werden. Es empfiehlt sich daher, soweit irgendwie möglich, schwere Pakete zu teilen und sie mit dem Kurier zu senden, statt mit der Spedition.

Bereits im Sommer 2003 hatten wir solche Probleme mit Split-Klimageräten, die um die 80 kg wogen. Die Verkaufspreise, die wir in diesem sehr heißen Sommer erzielten, waren traumhaft. Doch die Auslieferung der Klimaanlagen mit der Spedition machte die Marge wieder zunichte, weil die Transportkosten zu hoch waren um sie den Kunden weiter verrechen zu können (bei 200 € Transportkosten hätten wir wohl keine Gebote bekommen). Wir beschlossen also, die schwere Außeneinheit zu zerlegen und den Artikel in drei Teilen zu versenden. In einem Paket war die Außenverkleidung sowie der schwerer Motor des Ventilators, im zweiten war der empfindliche Ventilator selbst und im dritten die eigentliche, nun ausgehöhlte, Außeneinheit. So konnte die Sendung in drei Einzelteilen mit GLS versendet werden. Es war um Längen billiger, ging rascher und das trakking funktionierte einwandfrei. Das Ganze war ein echter Geniestreich, die Mitbewerber durchschauten den Trick nicht und wir konnten wesentlich günstiger anbieten, als alle anderen und haben fast 1.000 solche Klimaanlagen in einem Sommer verkauft. Natürlich können aber viele Artikel trotz aller

Bemühungen nur mit der Spedition befördert werden (das Zerlegen eines ATV von 600 KG in 20 Paketen wäre wohl etwas übertrieben gewesen). Das ist kein einfaches Unterfangen, denn die Waren müssen für den Transport entsprechend vorbereitet werden. Erstmal ist es wichtig, die Ware so bereitzustellen, dass sie gestapelt werden kann. Sollte dies nämlich nicht der Fall sein, dann bezahlt man im LKW auch die Luft (also den Freiraum) über der Ware mit, denn der Transport im LKW wird nach der Bruttokubatur bemessen. Weiters sollte die Ware bestens transportgesichert werden, weil auch mit großen und auch palettisierten Waren sehr roh umgegangen wird. Für die Mopeds und Motorräder der Eigenmarke „Dotera", die wir produziert haben, wurden eigene Transportverpackungen angefertigt, welche die Waren während des Transports schützten. Weiters zu beachten ist, dass kein Öl oder andere gefährliche Flüssigkeiten transportiert werden dürfen. Das ist vor allem bei Fahrzeugen aber auch bei großen Kompressoren und Gartengeräten durchaus nicht einfach. Beim Transport zum Kunden muss auch unbedingt beachtet werden, dass der Spediteur die Ware nicht in die Wohnung bringt, sondern nur bis zur Haustüre, was bei einigen Kunden schon zu Wutanfällen geführt hat. Außerdem sind die meisten Spediteure nicht auf Anlieferungen bei Privatkunden eingestellt. Es kann also durchaus vorkommen, dass ein LKW ohne Ladebordwand beim Kunden auftaucht, oder aber der LKW erst gar nicht in die enge Gasse in der Innenstadt kommt und deshalb nicht anliefern kann. Das Hauptproblem bei der Anlieferung an Private ist aber ein anderes: sie sind üblicherweise unter Tags nicht zu Hause, man muss also eine Spedition davon überzeugen, den Kunden am Tag vor der Anlieferung anzurufen und ihm auch gleich erklären, dass er Helfer für das Abladen etc. benötigt. Grundsätzlich ist die Anlieferung via Spedition eine teure Angelegenheit, das Illox System in Deutschland bietet zwar für viele Destinationen sehr gute Tarife, aber gesamteuropäisch gesehen gibt es eine enorme Schwankungsbreite bei den Preisen, so dass man eine sehr genaue Kalkulation und sichere Margen benötigt, bevor man sich an so große Waren heranwagen kann.

WARE VERPACKEN

Das Verpacken der Ware ist geradezu eine Wissenschaft. Bei der qentis befasste sich eine eigene Person mit der Frage, wie jede Ware ideal verpackt werden konnte, entweder gleich beim Produzenten oder in der Kommissionierung der qentis. Die beste Lösung für die Verpackung kommt natürlich vom Produzenten. Gut 70% aller Artikel sind oder sollten zumindest bereits in der Fabrik so verpackt werden, dass sie nur mehr mit einem Versandschein beklebt oder maximal in einen Überkarton gesteckt werden müssen.

Alle anderen Teile müssen im Haus verpackt werden; das kostet Zeit und Geld. Es gibt zahlreiche Systeme um dies ideal zu erledigen, dazu gehören die Wahl des richtigen Kartons und vor allem das richtige Polstermaterial. Ideal sind dabei aufblasbare Kunststoffpolster, da sie am leichtesten sind und trotzdem der größten Belastung standhalten. Letztlich entscheidet Ihr Produkt darüber, welche Methode für Sie die beste ist.

VERDECKTE SCHÄDEN

Das Horrorszenario für alle Kurierdienste aber natürlich auch für jeden Powerseller sind so genannte verdeckte Schäden. Das sind jene Pakete, die von außen in tadellosen Zustand beim Kunden ankommen, in denen sich aber tatsächlich ein beschädigtes Produkt, in Extremfällen überhaupt nur mehr Elektroschrott, befindet. Das physikalische Phänomen, welches hier im Spiel ist, heißt Momentum. Momentum ist das, was entsteht, wenn das Paket vom Fahrer mit einem Fußball verwechselt und so aus dem Wagen befördert wird. Momentum entsteht auch dann, wenn ein gelungener Hochschuss mit der Hand gelingt und das Paket aus ca. vier Metern Höhe auf ein Förderband des Spediteurs kracht. Bei solchen Gelegenheiten kann es passieren, dass z.B. schwerere Elektronikteile von einer Platine gerissen werden, ein beigepackter Schraubenschlüssel eine Heckenschere penetriert, oder aber auch einfach ein LCD-Monitor bricht, weil die Elektronik dahinter ihn einfach zerschlägt. Das Problem sind dann oft nicht nur die Schäden selbst, sondern die endlosen Diskussionen um den Verursacher. Der Kunde sagt, er hätte es so bekommen, der Transporteur meint, alle seine Pakete werden auf einem Samtpölsterchen befördert, die Verpacker schwören, es sei unmöglich, dass je ein Paket auf den Boden gefallen sei und der Lieferant versichert ihnen, alle Produkte persönlich überprüft zu haben ehe sie sein Lager verlassen haben. Es ist dies ein schier unlösbares Problem, aber es gibt ein paar Ideen um die Situation zu verbessern:

- handeln Sie mit Ihrem Kurierdienst eine Versicherung aus, die auch verdeckte Schäden bezahlt,
- fotografieren Sie den Inhalt jeden Paketes, bevor es Ihr Lager verlässt,
- verlangen Sie von Ihrem Kunden, einen etwaigen Schaden noch am Tage der Lieferung bekannt zu geben,
- schaffen Sie ein Röntgengerät an und machen Sie ein Röntgenfoto von jedem Paket, das rausgeht,
- packen Sie einigen Paketen stichprobenartig einen Schocksensor bei, dann wissen Sie, wie stark das Paket am Weg belastet wurde, oder
- versuchen sie im Vorfeld mit Ihrem Produzenten, dem Beförderer und Ihrem Verpackungsmateriallieferanten die Verpackung zu optimieren.

OUTSOURCING

Eine von vielen Verkäufern betriebene und teilweise auch sehr erfolgreiche Methode ist die Auslagerung von Logistikleistungen („outsourcing"), viele Kurierdienste und fast alle namhaften Spediteure bieten das an. DHL hat in Deutschland ein eigenes Logistikzentrum errichtet, in dem nur eBay Kunden betreut werden. Je nachdem, wie einfach Ihre Artikel sind, könnte das die ideale Lösung sein. Sie benötigen kein eigenes Lager, keine Personalwirtschaft usw.. Das System hat eigentlich fast nur Vorteile - bis auf drei Kleinigkeiten: erstens ist outsourcing teuer, aber das ist letztlich eine Frage der Kalkulation, das zweite Problem ist, dass sie sich durch das outsourcing sehr stark und unflexibel an ein Speditionsunternehmen binden. Ihr Outsourcingpartner muss sich schließlich auf Sie einstellen, Flächen reservieren, eventuell Arbeitskräfte einstellen etc.. Er wird Sie also auf zwei bis drei Jahre durch einen Vertrag binden. Das führt uns auch gleich zum Problem Nummer drei: das Pfandrecht des Spediteurs. Bedenken Sie, dass in der Regel die Ware einen beträchtlichen Teil des Vermögens eines Handelsunternehmens darstellt. Sollte es nun zu Differenzen mit dem Spediteur kommen - Möglichkeiten gibt es ja genug (verspätete Lieferungen, verdeckte Schäden, Preiserhöhung, Fehlverpackungen, versteckte Kosten...) - so wird dieser sofort von seinem Pfandrecht gebrauch machen und die Waren vorübergehend einbehalten. Speziell im Falle von eBay, wo Sie ja täglich lieferfähig bleiben müssen, kann dies das Todesurteil für Ihr Unternehmen bedeuten. Sie meinen jetzt vielleicht, ich übertreibe, aber ich habe selbst zwei Unternehmen gekannt, die genau deswegen zusperren mussten und wir haben selbst bei mehreren outsourcing Unternehmen angefragt, ob das Pfandrecht ausgeschaltet werden kann. Keine einzige Spedition war dazu bereit, zudem ist es auch nicht gesetzlich verankert, so dass ein Aushebeln des Pfandrechtes juristisch gesehen kaum haltbar wäre.

BEZAHLUNG DER WARE

BANKÜBERWEISUNG

Die qentis verkaufte in acht verschiedene Länder Europas. Da wir den Kunden in jedem Land das Gefühl geben wollten, wir seien ein nationaler Verkäufer und ihm auch die größtmögliche Bequemlichkeit bieten wollten, hatten wir in all diesen Ländern nationale Bankkonten. In einigen Ländern war das überhaupt kein Problem. In Österreich, Deutschland, der Schweiz, Spanien und Holland ist das Eröffnen eines Kontos für eine Firma aus der EU nicht sehr kompliziert. Etwas mühsamer ist das schon in Frankreich, aber die wirklichen Probleme erwarten einen erst in England und Italien. In England ist as Eröffnen eines Kontos für eine ausländische Gesellschaft nahezu unmöglich, die Abwicklungsdauer beträgt fast ein Jahr und es ist keinesfalls gewiss, dass die Sache überhaupt funktioniert. Wer also ein Konto in England benötigt, dem sei dringend empfohlen einen eigene englische Firma zu gründen (ein Stammkapital von einem Pfund ist für eine solche Ltd. ausreichend). Jene Rechtsanwälte, die bei der Gründung behilflich sind, kümmern sich auch gleich um das Eröffnen eines Bankkontos für die Gesellschaft. Wirklich mühsam aber ist die Situation in Italien, nahezu jede Bank hat Ihre eigenen Regeln und Gebührenschemata. Bevor Sie sich für eine Bank in Italien entscheiden, sollten sie folgende Dinge klären: wie hoch sind die Überweisungsspesen für einen Kunden zur Bank, bei Banken in Südtirol kann das bis zu zehn € pro Transaktion sein, andere italienische Banken richten ausländischen Unternehmen zwar gerne ein italienisches Bankkonto ein, verlangen dann aber von ihren Kunden Auslandsüberweisungsspesen. Einige Zeit haben wir Zahlungen in Italien über einen Treuhänder abgewickelt, als aber eBay Kunden, begannen, ihn zu fragen, ob ihr Geld schon eingelangt sei, etc., beendete er diese Treuhandschaft rasch wieder. Um endlich zu einem funktionierenden Bankkonto zu kommen, haben wir einen Anwalt in Italien genommen, der uns für 5.000 € Beratungsgebühr eine Bank verschaffte, die all die nötigen Kriterien erfüllte.

NACHNAHME

An sich ist die Bezahlung per Nachahme (NN) ja eine Superidee und in einigen eBay-Kategorien funktioniert die Sache auch sehr gut. Die Vorteile der NN sind vor allem die hohe Sicherheit für beide Seiten, da tatsächlich Geld gegen Ware getauscht wird und natürlich die rasche Abwicklung, da man mit dem Versand nicht weiter auf einen Geldeingang warten muss. Die Angelegenheit hat aber auch zahlreiche Nachteile. Zum Einen hat jeder Kurierdienst und auch die Post eine Obergrenze, was die maximal offenen Gesamtbeträge anbelangt (einzig UPS erlaubt Beträge bis 50.000 €), sodass gerade dort, wo es notwendig wäre, nämlich im hochpreisigen Bereich, die Sache bereits nach einigen ausgelieferten Transaktionen nicht mehr weiter geht. Ein anderes, aber eher seltenes Problem das wir hatten, war, dass die Boten immer wieder vergessen hatten die Beträge zu kassieren und wir daher selbst kontrollieren mussten, ob die Beträge auch tatsächlich eingegangen waren, was natürlich wieder großen Aufwand bedeutete.

Doch die beiden Problembereiche, mit denen wir am stärksten zu kämpfen hatten, waren folgende: einerseits haben Kunden die Annahme der Sendungen verweigert; dafür gab es verschiedene Gründe, manche lagen in unserem Bereich, wenn z.B. ein Artikel erst spät geliefert werden konnte. Ein anderer Grund war, wenn die Aussenverpackung des Paketes rein optisch in schlechten Zustand war. Das hatte nicht unbedingt etwas zu bedeuten, denn bei guter Verpackung war der Inhalt trotzdem ok, doch sofort gingen dann die Diskussionen los, nur dass man bei NN gegen den Kunden keine Beweise in der Hand hat. Oft hat es sich der Kunde auch einfach überlegt; so kamen im Laufe eines Sommers aus Frankreich fast 100 Klimaanlagen retour, weil es zwischen Bestellung (ca. 38 °C und Sonne) und Lieferung (17 °C und Regen) meteorologische Unterschiede gab. Wie eine Klimaanlage nach einem Ausflug ins Land des Camemberts und zurück nach Österreich aussah, können Sie sich vorstellen; die meisten waren unverkäuflich. Oft waren die Kunden schlicht und einfach nicht zu Hause und die Ware kam retour. Eine ganz andere Problematik war aber folgende: die qentis setzte in guten Monaten bis zu 300.000 € pro Monat durch Nachnahmesendungen um, je nach Kurierdienst bzw. Post dauert es zwischen zwei und vier Wochen, bis das Geld vom Kunden bei uns war. Dies konnte zu einem wesentlichen Liquiditätsmangel führen, insbesondere dann, wenn es für die Ware selbst kein Zahlungsziel gab. Ein weiteres Problem ist auch, dass das Geld bis zur Auszahlung beim Kurierdienst liegt und diese Gelder natürlich im Streitfall auch als Pfand dienen können. Je nachdem, wie das Verhältnis zwischen Porto und Warenwert aussieht, können die Nachnahmebeträge die Kosten für die Beförderung sogar übersteigen. Bei einem Streit mit dem Kurierdienst wird dieser aber die Beträge einbehalten, so dass man in einem solchen Fall selbst kostenpflichtig Klage führen muss um zu seinem Geld zu gelangen.

PAYPAL

Nun zu einem Lieblingsthema: PayPal – das online Zahlungssystem, das inzwischen zum eBay-Konzern gehört. Jeder kennt es und zugegebenermaßen, das System ist ja auch genial. Es ist einfach, gibt Sicherheit, funktioniert (und zwar auch noch sehr schnell), die Integration mit eBay ist perfekt. Daher wurde PayPal in den letzten Jahren als Zahlungsmittel für eBay Transaktionen immer beliebter.

Um herauszufinden, dass PayPal aber nicht jedermanns "Pal" ist, reicht es einmal kurz zu googeln, es gibt dutzende sehr aktive Anti-PayPal Seiten, wie etwa www.PayPalwarning.com , die immer wieder die gleichen Probleme beklagen. Auch bei der qentis haben wir im Laufe der Jahre nahezu alle PayPal Probleme selbst erlebt. PayPal ist in erster Linie der "Pal" des Käufers und weniger jener des Verkäufers und PayPal war - zumindest bis 2006 - keine herkömmliche Bank, was zum Teil zu abenteuerlichen Problemen geführt hat

PAYPAL CHEATERS

Hier geht es um Betrügereien von Kunden, die PayPal als Zahlungsmittel verwenden. Kunden, die mit PayPal zahlen, haben die Möglichkeit, nach Lieferung der Waren, zu beanstanden, sie hätten die Ware nicht erhalten, oder die Qualität oder Beschaffenheit der Ware würde nicht der Auktion entsprechen. Die Beweislast liegt dann immer beim Verkäufer und zwischenzeitlich wird der Betrag von PayPal gesperrt. Es kam immer wieder vor, dass die von uns vorgelegten „Beweise" für eine ganz normale und reguläre Transaktion PayPal nicht reichten und am Ende der Betrag an den Kunden rückerstattet wurde. Der Kunde hatte dann die Ware und das Geld zurück, PayPal war fein raus und behielt die Gebühren und wir waren die Blöden. Die Kosten und Mühen einen Anwalt zu beschäftigen mussten wir uns dreimal überlegen, denn der Kunde konnte in einem etwaigen Verfahren bereits auf eine Entscheidung der sicherlich vom Gericht als kompetent geltenden eBay Tochter PayPal verweisen, die Ihm sein Geld retourniert hatte.

PAYPAL FUNDS LOCKED

Fast jeder zweite Beitrag auf den Anti-PayPal Seiten betrifft blokkierte Beträge und auch uns ist dies mehrmals passiert. Einer unserer Lieferanten, Motti aus New York, war zu Besuch in Wien und wir arbeiteten gemeinsam in meinem Büro. Irgendwann im Laufe des Tages hatte er ein Angebot für einen attraktiven Posten Ware um ca. 65.000 US$, er musste aber sofort bezahlen und konnte von Wien aus nicht telefonisch eine solche Überweisung durch seine Bank durchführen lassen. In Wien war es bereits 17h00, eine Bankanweisung aus Wien kam also nicht in Frage. Auf unserem PayPal Konto hatten wir ausreichende Mittel und ich schlug ihm vor, und von seinem PayPal Konto eine Zahlungsaufforderung über 50.000 US$ zu senden; daraufhin würden wir ihm den Betrag via PayPal transferieren, und er könne die Ware dann von seinem PayPal Konto aus bezahlen. Gesagt getan - aber als er in sein Konto einloggte und den Betrag an seinen Händler transferieren wollte, war sein Konto eingefroren. Wenige Minuten später dann auch unseres. Auf Mottis PayPal-Konto waren nun 67.000 US$ blockiert, auf dem der qentis weitere 60.000 US$, insgesamt also fehlten uns plötzlich 127.000 US$ Liquidität. Eine Möglichkeit, PayPal telefonisch zu kontaktieren gab es für uns damals de facto nicht, eine Reaktion von PayPal vorerst auch nicht. Um die Sache abzukürzen: es dauerte fast zwei Wochen, bis es zu einer Reaktion von PayPal zur Sperrung kam und zwei Monate, bis wir über die Gelder wieder verfügen konnten. Der Grund für die Sperrung war, dass mein Lieferant Motti in sein Konto normalerweise in New York über eine amerikanische IP Adresse einloggte und diesmal aber eben von Wien aus eingelogged hatte, was sofort zu einer „Sicherheits-Sperre" geführt hatte. Glaubt man den Berichten in diversen Foren, dann hatten wir noch Glück, denn Andere warten oft noch viel länger auf Ihre Gelder.

PAYPAL FRAUDULENT FUNDS

Immer wieder kam es auch zu „reversals", lange nach der erfolgten Transaktion. Wenn sich nämlich herausstellte, dass die Kreditkarte des Kunden nicht gedeckt oder gar gestohlen war, oder es Verdacht auf „fraudulent funds" gab, dann holte sich PayPal einfach den Betrag - oftmals Monate nach dem Kauf - zurück und überließ uns die unbewältigbare Aufgabe, uns an dem Kunden, der offensichtlich ein Betrüger war, schadlos zu halten. (Versuchen Sie doch mal ein Inkasso-Büro in die Ukraine zu senden...). Zugegebenermaßen hielten sich diese Problem in Grenzen, aber im Laufe der Zeit haben wir sicherlich zwischen 10.000 € und 20.000 € durch solche Betrügereien verloren. Besonders ärgerlich und unverständlich war für uns auch immer, warum es manchmal Monate dauerte, bis das Problem durch PayPal festgestellt wurde, schließlich ist es unglaubwürdig, dass der Missbrauch einer Kreditkarte erst nach Monaten auffällt.

Die Alternative, auf Zahlung mit PayPal zu verzichten, ist in manchen europäischen Ländern, wie Großbritannien nicht sinnvoll, da die Kunden dort sehr stark an diese Zahlungsweise gewohnt sind und das Ganze natürlich auch von der Mutter-Gesellschaft eBay stark forciert wird. Andere Zahlungssysteme, die früher auch auf eBay angeboten wurden, wir z.B. Moneybookers wurden nach der Übernahme von PayPal durch eBay aus dem Geschäft gedrängt, indem deren Links in den Angeboten schlicht verboten wurden. Der fehlende Wettbewerb auf diesem Sektor macht das Gebührenschema nicht gerade attraktiv für die Kunden.

DIE UMSATZSTEUER

Für jedes europäische Land gibt es eine so genannte Lieferschwelle, d.h. wer an Privatpersonen, in der Regel, mehr als 100.000 € netto pro Jahr Waren liefert, der ist im Lieferland mehrwertsteuerpflichtig. Zu Deutsch: wenn Sie vorhaben, im kommenden Jahr mehr als 100.000 € Waren nach Frankreich zu senden, dann müssen sie in Frankreich eine MWST Abgabennummer beantragen und ab sofort die Rechnung mit der französischen MWST von 19,6% ausstellen. Die qentis war in sechs europäischen Ländern UST-pflichtig, man kann sich vorstellen, wie viel Bürokratie dies in Anspruch nahm. Von der Erstellung der korrekten Meldung unter Einbeziehung aller Gutschriften und Ausgaben im jeweiligen Land, bis hin zur pünktlichen Bezahlung aller ausländischer Finanzamtsforderungen. Glücklicherweise hatten wir in unserer Buchhaltungsabteilung einen Mann, der die gesamte UST-Zuordnung und Abrechnung jeden Monat akribisch genau durchführte, so dass auch bei tausenden kleinen Einzeltransaktionen pro Monat alle Salden und Meldungen immer genau stimmten. Das Ganze war aber ein ziemlicher Arbeits- und Zeitaufwand.

Außerdem ist zu bedenken, dass alle diese Finanzämter immer wieder Umsatzsteuerprüfungen durchführen, vor allem dann wenn es sich um Geschäfte im Zusammenhang mit eBay handelt, die sowieso schon einmal grundverdächtig erscheinen (tausende kleine Transaktionen und Zahlungen). Das Resultat ist eine nahezu permanente Umsatzsteuerprüfung im

Unternehmen, die meistens nur durch normale Betriebsprüfungen oder Krankenkassenprüfungen unterbrochen wird. Andererseits muss man den Finanzämtern auch zugute halten, dass mit Ausnahme des deutschen und des österreichischen Finanzamtes keine allzu große Eile beim Eintreiben der geschuldeten Umsatzsteuern herrschte. Die italienische Finanzamt z.B. verrechnet lediglich 2% Zuschläge pro Quartal bei Spätzahlungen erst nach einem Jahr wird die Schuld verdoppelt. In Frankreich, wo ich mehrmals im Finanzministerium wegen verschiedener anderer Steuerprobleme Vorsprache hielt, wurde das Zahlungsziel immer wieder neu verhandelt.

FUTURE IDEAS

Der überraschende Konkurs der qentis unterbrach natürlich auch die Entwicklung vieler Projekte innerhalb der qentis. Diese Ideen werden nun auch nicht mehr fortgesetzt, hier nur einige der Projekte, an denen wir gearbeitet hatten, auch als Inspiration für alle, die heute am eBay Markt verkaufen:

LATENIGHTAUCTIONS

Idee war es, auf einem eigenen account, bestimmte Waren anzubieten, die als 1 € Auktionen nur zur späten Stunde auslaufen, und zwar zwischen 21h30 und 03h00 Früh. Die Produkte würden sich an jene Spätnachtssurfer richten, die spezielles Interesse an Videospielen, PC-Moding, Phantasygames u.Ä. haben.

NEUE LIZENZEN

Aufgrund der Auswertung von Suchergebnissen auf diversen Suchmaschinen, arbeiteten wir sehr stark in Richtung neuer Lizenzpartner. Wir waren der Ansicht, dass herkömmliche kleinere Marken und „private labels“ am Markt kaum Chancen hätten, insbesondere weil nach ihnen nicht aktiv gesucht wird. Die Zukunft - das glaube ich auch heute noch - liegt in der Entwicklung von passenden Artikeln für bekannte Marken, je kreativer desto besser. Wir waren zuletzt mit nahezu 30 verschiedenen Markenkonzernen über Lizenzvereinbarungen in Verhandlung, dazu gehörten verschiedene Autokonzerne, wie Ford, Lamborghini oder Jeep, aber auch websites wie Yahoo, Kazaa oder Alta Vista, Entertainment-Marken, wie Star Wars, James Bond oder Hip Hop Honeys sowie Technologiekonzerne, wie MAN, Mitutoyo und Pratt & Witthney. Der Phantasie, was passende Produkte anbelangt, sind hier kaum Grenzen gesetzt. Allerdings muss man sich schon auf verhältnismäßig hohe Mindestkosten für solche Lizenzen einstellen. In der Regel liegen diese zwischen 30.000 US$ und 120.000 US$ pro Jahr, das heißt man muss dann in einem Jahr bei 10% Lizenzkosten zumindest 300.000 US$ bis 1,2 Mio. US$ Waren produzieren lassen, damit es sich rechnet.

NEUARTIGE ARTIKEL

Die Menge an neuen Artikel, an denen wir laufend gearbeitet haben, war enorm. Von Booten und Schiffsmotoren über Shinto-Schreine aus Japan bis hin zu Autowaschstrassen und natürlich Autos selbst. Reizvoll war vor allem die Kombination von Artikeln oder die Kombination verschiedener Produktionsbetriebe in China für z.B. handbemalte Möbel oder Autotuningteile, eigens für uns gegossene Steinskulpturen uvm.. Auch mit Autofabriken waren wir in Kontakt um eigene Kleinserien von Fahrzeugen zu entwickeln, die ausschließlich am eBay Markt angeboten werden sollten.

MILES AND MORE

Noch ist mir kein Verkäufer bekannt, der das macht, aber die Kombination von Flugmeilen und eBay Angeboten erscheint mir als höchst attraktiv. Z.B. bei Notebook Computern, PDA´s und allen anderen teuren mobilen Produkten würden Gratis-Meilen einen wesentlichen zusätzlichen Kaufanreiz darstellen. Wir haben das Projekt dereinst auf Eis gelegt, weil genau diese Produkte aufgrund der hohen Gebühren von eBay sehr schwer zu verkaufen waren und die Kosten der Meilen nicht mehr in die Spannen eingerechnet werden konnten. Durch das neue eBay-Express und die neuen Shops könnte man die Idee aber durchaus wieder aufnehmen. Meilen können bei den diversen Anbietern, also den Airlines bzw. deren Mileage-Organisiationen eingekauft werden und dann eben beim Kauf auf das Meilenkonto des Kunden gutgeschrieben werden.

CONTAINER

Sehr viele Artikel, die qentis im Laufe der Jahre importiert hatte, passten irgendwann nicht mehr in unsere Struktur. Das hatte viele Gründe: das Gewicht des Artikels, die Komplexität der Ware, die geringe Marge, die intensive Kommunikation rund um den Artikel etc. Aber für andere Verkäufer konnte der Artikel trotzdem sehr attraktiv sein. Der Großteil der Verkäufer auf eBay ist mit der Produktion und dem Import von Waren nicht vertraut und hat auch nicht die Ressourcen um das zu organisieren. Wir aber waren dafür bestens gerüstet. Unsere Idee war es daher, Waren in kompletten Containermengen anzubieten. Das heißt einen ganzen 40" Container mit Fernost-Waren zur Haustüre oder zu einem beliebigen Lager in Europa geliefert zu einem Spitzen-Fixpreis auf eBay anzubieten. Inkludiert gewesen wäre dabei, das Produktdesign, die Produktionskontrolle in Fernost, Handbuch, Marke, website und Exklusivität der Ware. Mit dieser Methode hätten wir unsere eigenen Marken durch mehr Artikel und größere Verbreitung stärken können und natürlich auch eine zwar, kleine aber unproblematische Marge generiert. Soviel ich weiß, betreibt noch niemand ein solches Geschäft.

QENTIS TS

Ein Plan, der zwar umgesetzt, aber leider nicht mehr aktiviert wurde, war die Gründung der Qentis Trading Services GmbH („Qentis TS"). Wir wollten mit einer eigenen Tochterfirma eine Plattform schaffen, die als Finanzierungsinstrument für den Wareneinkauf der qentis dienen sollte. Die sollte aus Investorengeldern (in Form von Stillen Beteiligungen oder Genussscheinen) dotiert werden. Für den Verkäufer auf eBay sind Finanzierungskonzepte, die ein minimales Fixum enthalten und einen größeren Teil, der vom erzielten Verkaufspreis abhängt, eine überaus attraktive Finanzierungsmöglichkeit - sozusagen maßgeschneidert für die wirklichen Bedürfnisse eines eBay-Verkäufer, wie der qentis. Aber auch für die Investoren eine spannende Sache: einerseits ein klar definiertes und vor allem strikt limitiertes Risiko, andererseits ein erhebliches "upside"-Potential, wenn die Verkaufspreise gut sind. Die Gelder in der qentis TS sollten in der Anfangsphase für Wareneinkäufe der Muttergesellschaft, qentis, genutz werden. In weiterer Zukunft war aber durchaus auch schon angedacht, dieses Finanzierungsmodell auch anderen seriösen eBay-powersellern anzubieten. Interessierte Investoren für die Zeichnug der Genussscheine (und sogar eine Vertriebs-pipeline) gab es bereits, doch leider war letztendlich der Pleitegeier schneller.

vielen Dank an das legendäre Team der qentis für
die erstklassige Mitarbeit, das grosse Engagement,
die Geduld und die guten Nerven !

„Früher hat man seine alten Sachen weggeworfen. Heute gibt es eBay“

Auch Michael Marcovici stand im Herbst 2001 vor der Frage, was er mit den Überresten seiner soeben verkauften Firma machen sollte. Er hatte keine Verwendung mehr dafür. Der Entschluss, die Sachen auf eBay zu verkaufen, brachte unvermutet einen Stein ins Rollen – die Folgen und deren unerwartet große Dimensionen werden in diesem Buch geschildert.
Am Zenit seiner Karriere war er der umsatzstärkste eBay Seller der Welt. Er verkaufte ein sehr komplexes Angebot an Waren, von der Speicherkarte über Motorräder bis hin zu Gabelstaplern. Die Medien feierten ihn als den Parade-Unternehmer aus dem Online-Handel, ganzseitige Berichte in Tageszeitungen wurden über ihn gedruckt. Alleine in Wien hatte er über 60 fixe Mitarbeiter, zählte man freie Mitarbeiter und jene im Ausland dazu, kam er auf über 100. Er machte mehr als 1,5 Million € Umsatz pro Monat, verkaufte Waren aus allen Teilen der Welt über eBay Plattformen quer durch Europa. Sein Büro und Lagerfläche wuchs in 4 Jahren von 40m² auf 4000m². Investoren aus Monaco, Indien, Hongkong und Österreich ermöglichten seine Ideen – und ließen ihn schlussendlich hängen. An dem Tag, als sein Unternehmen Konkurs anmeldete, brach sogar der eBay Aktienkurs um 4% ein...